Darum sollte man im Leben
mit dem Dorn nach vorne streben

WALDE+GRAF

# Darum sollte man im Leben mit dem Dorn nach vorne streben

## Moderne erotische Lyrik

# Darum sollte man im Leben mit dem Dorn nach vorne streben

Moderne erotische Lyrik

Herausgegeben von
Manfred C. Reimann,
Gesine Karge
und Andreas Fischer

Vorwort                    <u>Manfred C. Reimann</u>

Der vorliegende Band enthält deutschsprachige eroti-
sche Gedichte der Moderne. Er nimmt dabei wesent-
liche, sich teils zeitlich überlappende literarische Strö-
mungen des späten 19. und des 20. Jahrhunderts auf und
veranschaulicht, wie sich die tiefgreifenden gesellschaft-
lichen Veränderungen von 1890 bis zur Gegenwart auch
im erotisch-lyrischen Ausdruck spiegeln.

Im späten 19. und im frühen 20. Jahrhundert
ging es zwar, rein technisch betrachtet, im Wesentlichen
nicht anders zur Sache als heute. Doch werden die be-
teiligten Organe und die dabei entstehenden Körpersäf-
te weniger explizit beim Namen genannt. Insbesondere
bei den Gedichten des Expressionismus bis zur Neuen
Sachlichkeit fehlen «Schwanz» und «Möse» im Vokabu-
lar. Allenfalls «Schoß» und «Brüste», vielleicht mal ein
«Phallus» oder ein «Dorn» — mehr ist nicht veröffent-
lichungsfähig. Und dennoch waren diese Gedichte da-
mals unverschämt «frei»: «(...) An der Stelle, wo ande-
re moralisch sind,/ist bei ihr ein Loch...» (E. Kästner).

Die explizit erotischen, um nicht zu sagen
«pornographischen» Gedichte jener Zeit, insbesondere
wenn sie zusätzlich noch damals strafbare erotische Nei-
gungen zum Inhalt hatten, wurden nahezu ausschließ-
lich in klandestinen Privatdrucken veröffentlicht und
waren nur wenigen Sammlern zugänglich. Oder sie
finden sich, unveröffentlicht oder erst in der zweiten

Hälfte des 20. Jahrhunderts publiziert, in den Nachlässen der Dichterinnen und Dichter. Die als «anonym» gekennzeichneten Gedichte dieser Anthologie sind dafür ein Beispiel.

Besonders beliebte Motive in der ersten Hälfte des 20. Jahrhunderts waren, insbesondere im Expressionismus wie auch bei den (Großstadt-)Autoren: der Bordellbesuch, die mit einem Kind zurückgelassene Jungfer, der Greis mit dem jungen Mädchen. In den Großstädten mit «aufgeklärtem» Publikum, vorneweg im «Großstadt-Dschungel» Berlin mit seinen Kabaretts und Nachtclubs, die für vielerlei hetero- oder homosexuelle Neigungen Angebote bereithielten, ging es selbstredend auch in den 1920er und 1930er Jahren freier zu als auf dem Lande.

Nach dem Zweiten Weltkrieg wird — sukzessive — «die Sache» neben der lyrischen Form auch im Vokabular immer freier und direkter besungen. Und auch veröffentlicht. Und dies nicht nur von Lyrikern, sondern zunehmend auch von Lyrikerinnen. Auch hier bricht sich nun endlich die Emanzipation Bahn, und der spezifisch weiblich-erotische Blick findet seinen Niederschlag.

Die späten 1960er und die 1970er Jahre zeugen von dem Aufbruch in neue poetische und erotische Sphären. Weg von der in der Adenauer-Ära vorherrschenden unpolitischen und «ungefährlichen» Naturlyrik der «Gräserbewisperer». Begriffe wie «Schwanz» und «Möse» und «Ficken» halten Einzug in die veröffentlichte Lyrik – alles scheint erlaubt, man ist so frei.

Experimentelle Lyrik, die Wiener Gruppe und die Beat-Generation mischen das Kulturbürgertum auf und verändern den Kulturbegriff. Die Pornographie wird langsam – wenn auch nicht über alle Milieus und Schichten hinweg – kultur- und gesellschaftsfähig. Und manchmal spielt sogar eine mehr oder minder offensichtliche (linke) politische Aussage in die erotischen Gedichte mit hinein.

Die Dichter überschreiten bürgerliche Grenzen, nicht wenige erotische Bücher werden indiziert. Pornographische Romane werden im Buchhandel zunächst noch unter dem Ladentisch verkauft. Verlage wie der März Verlag und die deutsche «Olympia Press», aber auch Merlin und Matthes & Seitz sind frühe Wegbereiter und finden rasch Nachahmer – denn mit «schmutzigen» Büchern ist sauberes Geld zu verdienen.

Heutzutage bestehen inhaltlich (fast) keine Tabus mehr, stilistisch und formal findet sich jedoch mancher Anklang zu früheren Epochen. Der leider früh verstorbene Detlev Meyer veröffentlichte in der Eremitenpresse gekonnte, explizit schwule Gedichte. Klaus Modick nimmt die Sonettform wieder auf, die uns im 20. Jahrhundert bereits bei Bessmertny / Blei, Brecht,

Mynona oder Krolow begegnet. Bei den Gedichten von
Paul Wühr fühlt man eine leise Verwandtschaft (trotz
völliger Eigenständigkeit in Form und Stil) sowohl zu
manchem Expressionisten als auch zur Wiener Gruppe
und Brinkmann. Hartmann von Moisenhayn dichtet
formidable Parodien auf unsere Klassiker (wie schon
im 19. Jahrhundert erotische Parodien z.B. auf Schiller
verbreitet waren) – und Sybil Volks nimmt sich Goethes
*Faust* an. Besonders reizvoll zu lesen: Die Antwort
von Michael Wildenhain «Wedding (Nach Brecht)» auf
Brechts «Sauna und Beischlaf». Bert Papenfuß experi-
mentiert, Thomas Gsella kalauert (nicht nur, aber auch)
– und Klaus Cäsar Zehrer erzählt uns in einem langen
Erzählgedicht eine unbekannte Episode aus dem Leben
Casanovas.

Die Lektüre gibt beredt Auskunft über die Zei-
ten, in der die jeweiligen Gedichte entstanden sind. Die
in diesem Band zusammengestellte Auswahl dient je-
doch in erster Linie der Unterhaltung und dem lyrisch-
erotischen Lustgewinn des Lesers.

Das Buch versammelt die liebsten Gedichte
des Herausgebers, will nicht alles umfassend sein
oder gar literaturwissenschaftlich genau. Der geplante
Umfang setzte ebenso Grenzen wie die Verfügbarkeit
und Bezahlbarkeit von Abdruckrechten. Die Autoren
und Gedichte sind grob chronologisch sechs Kapiteln

zugeordnet. Auswahlkriterien waren neben dem persönlichen Geschmack die Originalität der erotischen Phantasie und / oder der Humor. Der Humor, der manchmal sogar unfreiwillig komische oder erst aus heutiger Lesart so empfundene Witz, spielte bei der Auswahl eine durchaus wichtige Rolle. Denn Erotik «ernsthaft betrieben» und beschrieben, wird schnell langweilig und fad – und damit unerotisch oder bemüht und verschwurbelt. Diese Anthologie soll Lust wecken und nicht das Gegenteil bewirken. Keinesfalls soll es dem Leser so ergehen wie Hans Töffel im nachfolgenden Bonus-Gedicht (aus dem 19. Jahrhundert):

## Hans der Schwärmer                  Detlev von Liliencron

Hans Töffel liebt Schön Doris sehr,
Schön Doris Hans Töffel vielleicht noch mehr.
Doch seine Liebe, ich weiß nicht wie,
Ist zu scheu, zu schüchtern, zu viel Elegie.
Im Kreise liest er Gedichte vor,
Schön Doris steht unten am Gartenthor:
Ach, käm' er doch frisch zu mir hergesprungen,
Wie wollt' ich ihn herzen, den lieben Jungen.
     Hans Töffel liest oben Gedichte.

+

Am andern Abend, der blöde Thor,
Hans Töffel trägt wieder Gedichte vor.
Schön Doris das wirklich sehr verdrießt,
Daß er immer weiter und weiter liest.
Sie schleicht sich hinaus, er gewahrt es nicht,
Just sagt er von Heine ein herrlich Gedicht.
Schön Doris steht unten in Rosendüften
Und hätte so gern seinen Arm um die Hüften.
    Hans Töffel liest oben Gedichte.

Am andern Abend ist großes Fest,
Viel Menschen sind eng aneinander gepreßt.
Heut muß er's doch endlich sehn der Poet,
Wenn Schön Doris sacht aus der Thüre geht.
Potz Tausend, er merkt es und merkt es auch nicht,
Er spricht und verzapft gar ein eigen Gedicht.
Und unten im stillen, dunklen Garten
Muß Schön Doris vergeblich, vergeblich warten.
    Hans Töffel liest oben Gedichte.

Am andern Abend, beim heiligen Gral,
Schön Doris fehlt im Gesellschaftssaal.
Und ist auch Hans Töffel mein Freund und mir wert –
Die Katze schläft unten am Feuerherd,
Beim Kätzchen steht sinnend Schön Doris und sehnt,

    +

Ihr Köpfchen an meiner Schulter lehnt.
Und hätt' ich auch eine Legion Verdammer.
Zu süß war die Stunde bei ihr in der Kammer.
    Hans Töffel liest oben Gedichte.

Moderne erotische Lyrik

# Jahrhundertwechsel bis zum Expressionismus – von Wilhelm II. zur Republik

Um meiner Mannheit
    Tiefgang auszuloten
Ging ich mit nacktem Glied
    zu Keuschgesinnten

## Das Möschen                                    Anonym

Du kleiner Pausback, kleiner Pummelfleck,
Mein kleines Häschen, wie ein Windspiel keck
Und kühner als ein Löwe in der Schlacht,
Und das so ausgelassne Sprünge macht,
Wie's junger Katzen oder Affen Art,
Mein Häschen, dessen prächtger Wuschelbart
Sogar das Goldne Vlies hätt ausgestochen,
Masthäschen, ohne Gräten, ohne Knochen,
Ein Leckerbissen, kindlich zart und fein,
Mein schmuckes Möschen, hochgebaut und rein,
Fern deines Nachbarn lärmender Gewalt,
Der nie uns als dein wahrer Vetter galt,
Von einem roten Knösplein noch verschönt,
Einem Rubin, der dich als Pfröpflein krönt
Und immer nur so eng sitzt, fest und dicht,
Wie's deinen holden Regungen entspricht,
Bei Spiel und Sprung, solang du stehst und kniest
Und deinen liebestollen Flunsch nicht ziehst.
O Born der Liebe, Quell der Süßigkeit,
O kühles Bächlein, das von Brunst befreit.
Von Qual und Sehnsucht: rechter Freudenort,
So anmutsvoll, so wonnesam wie dort
Ist keine Stätte auf dem Erdenrund,
O schmaler Pfad, der gradewegs zum Spund
Des höchsten Gutes führt, der Wollust zu.

    +

Ja glücklich jeder, dessen Sehnen du
Zufriedenstellst, ja glücklich, der dich packt
Und auf dir spielt nach vollen Herzens Takt.

## Der Dampfhammer                    Frank Wedekind
### Nach der Melodie:
### «Ist denn Lieben ein Verbrechen?»

In der Esse fliegt der Hammer
Im Zylinder auf und ab;
Gottfried in der Mägdekammer
Fliegt nicht minder auf und ab.

Gottfried heißt des Schmieds Geselle,
Der gewaltige Knochen hat.
Eben schweißt er eine Stelle,
Die er selbst gebrochen hat.

Und ein Mägdlein, schlank und plastisch,
Stellt für ihn den Ambos vor,
Einen Ambos, so elastisch
Wie das dünnste Bambusrohr.

Keines hört es, wie der lange
Hagre Meister schleicht herein;
Eine schwere Eisenstange
Trägt der Meister leicht herein.

+

Und er hält sie hoch in Lüften,
Schwingt sie, daß sie niederprallt,
Daß der Ton von Gottfrieds Hüften
Tausendfältig widerhallt...

Aus den Armen läßt der Riese
Seine Tugendreiche nicht;
«Mädchen», lacht er, «treib doch diese
Faden Jugendstreiche nicht!

Möglich wär's, daß dem Entzücken
Dein Gekitzel nützlich wär,
Wenn dein Liebster auf dem Rücken
Wie am Leib so kitzlich wär.»

Und der ich dies Lied gesungen,
Schäme mich und weine und
Bin von tiefstem Schmerz durchdrungen,
Denn ich bin ein Schweinehund.

## Die neue Communion

Lischen kletterte flink hinauf
Bis in die höchsten Äste,
Fing in der Schürze die Äpfel auf
Ihrer Mutter zum Feste.

+

Ich lag unten, verliebt und faul,
Auf dem Rücken im Grase,
Mancher Apfel fiel mir ins Maul,
Mancher mir auf die Nase.

Jetzt stand Lischen auf starkem Ast,
Schelmisch sah sie hernieder,
Ihres Leibes liebliche Last
Wiegte sich hin und wieder.

Innig umschlungen hielten sich
Splitternackt ihre Füße,
Öffneten sich und befühlten sich –
Winkten mir tausend Grüße.

Durch das Röckchen sandte der Tag
Seine goldenen Strahlen,
Was darunter geborgen lag
Farbenprächtig zu malen.

Schimmernd rings um die zarte Haut
Wob sich die gedämpfte Helle;
Welcher Meister hätt' je gebaut
Prächtiger eine Capelle?

Das Gewölbe so luftig leicht,
Schlank und stolz die Pilaster,
Unter Flammenküssen erweicht
Lebender Alabaster!

+

Voller strömte das Licht herein,
Bunter bei jedem Schritte,
Ach, und flimmernder Heiligenschein
Floß um des Hauses Mitte!

Kindlich faltet' ich da die Händ',
Betete fromm und brünstig:
Du mein heiligstes Sakrament,
Werde dem Sünder günstig!

Laß mich's küssen in seinem Schrein,
Lieblichster Himmelsbote!
Laß mich nippen an deinem Wein,
Naschen von deinem Brote! —

Sieh, und am nämlichen Abend schon,
Tief in die Kissen gebettet,

Ward in andächtiger Kommunion
Meine Seele gerettet.

## Ilse

Ich war ein Kind von vierzehn Jahren,
Ein reines, unschuldsvolles Kind,
Als ich zum erstenmal erfahren,
Wie süß der Liebe Freuden sind.

+

Er nahm mich um den Leib und lachte
Und flüsterte: Es tut nicht weh —
Und dabei schob er sachte, sachte
Mein Unterröckchen in die Höh'.

Seit jenem Tag lieb ich sie alle,
Des Lebens schönster Lenz ist mein;
und wenn ich keinem mehr gefalle,
Dann will ich gern begraben sein.

## Die Hunde
Elegie

Es waren einmal zwei Hunde,
Wie war das Herz ihnen schwer!
Sie liefen wohl eine Stunde
Hintereinander her.

Sie hofften, in liebendem Bunde
Werd ihnen leicht und frei,
Und waren doch nur zwei Hunde,
Und keine Hündin dabei.

Das ist die soziale Misere,
Die Sphinx in der Hundewelt,
Daß man vom Hundeverkehre
Die Hündinnen ferne hält.

+

Die Hündinnen werden ja häufig
Gleich nach der Geburt ersäuft,
Und wird eine Hündin läufig,
Verhindert man, daß sie läuft.

Man läßt sie aus ihrem Kerker
Tag und Nacht nicht heraus;
Knurrend liegt Bella im Erker
Zu Füßen der Tochter vom Haus.

Lisettchen starrt in die Zeilen
Und zittert wohl mit den Knien,
Zuckt mit den Lippen bisweilen,
Und beide denken an ihn.

Wallt man im Familienvereine
Sonntags vors Tor hinaus,
Bella geht an der Leine
Zugleich mit der Tochter vom Haus.

Hier rücken heran die Studenten,
Dort naht sich Nero galant;
Wie wird von beiden Enden
Die arme Leine gespannt!

In einem Rudel Hunde
Kam schließlich man überein,
Es möge nun in der Runde
Jeder mal Hündin sein.

+

Das Auge, angſtvoll, trübe,
Schweift ferne zum Horizont,
Als spräch's: Und das hat der Liebe
Himmlische Macht gekonnt.

Der kleine Fritz ging vorüber
Und sagte: Lieber Papa,
Sage mir doch, du Lieber,
Was machen die Hunde da?

Papa entgegnet: Das nennt man,
Darf dir nicht sagen wie;
An diesen Greueln erkennt man
Das lausige Hundevieh.

## Zur Nacheiferung Jacobus Schnellpfeffer
### (d.i. Carl Georg von Maassen)

Es ſteht ein Mägdlein an der Strassen,
Das weint sich ihren Busen nass,
Sie kann vor Weh sich nicht mehr fassen
Und setzt sich in das grüne Gras.

Der Liebſte iſt davon gegangen,
Ganz sang- und klanglos zog er fort.
Die Jungfrau aber fühlt mit Bangen
Ein leises Regen da und dort.

+

Nie hat der Liebste seinen Namen,
Noch die Adresse je genannt.
Es sprosst manch Blümlein aus dem Samen;
Woher es kam, bleibt unbekannt.

Zieh hin Du braver Mann in Frieden,
Werd' Du nur öfters noch Papa;
Das Mädchen gibt sich schon zufrieden,
Sonst ist ja noch der Kirchhof da.

## Gleichgültigkeit                    Ludwig Thoma

Als ich gestern lag in meinem Bette,
Klopfte es so gegen Mitternacht.
Meine Meinung war, es sei Jeannette,
Und natürlich hab' ich aufgemacht.
Leise kam es jetzt hereingeschlichen,
Setzte sich an meines Bettes Rand,
Hat mir über meinen Kopf gestrichen
Mit der ziemlich großen, dicken Hand.
Doch ich merkte bald an ihren Formen:
Dieses Weib ist ja Jeannette nicht,
Deren Hüften nicht von so enormem
Umfang sind und solchem Schwergewicht.
Trotzdem schwieg ich. Denn ich überlegte:
Nicht das *Wer*, das *Wie* kommt in Betracht,

+

Außerdem, die Absicht, die sie hegte,
War entschieden löblich ausgedacht.
Was bedeutet dieserhalb ein Name?
In der Liebe ist das einerlei.
Man verlangt nur, daß es eine Dame
Und von angenehmem Fleische sei.

## Sexuelle Aufklärung

Der alte Storch wird nun begraben.
Ihr Kinder lernt im Unterricht,
Warum wir dies und jenes haben,
Und es verbreitet sich das Licht.

Zu meiner Zeit, du große Güte!
Da herrschte tiefe Geistesnacht.
Man ahnte manches im Gemüte
Und hat sich selber was gedacht.

Mich lehrte dieses kein Professer;
Nur eine gute, dicke Magd
Nahm meine Unschuld unters Messer
Und machte auf dieselbe Jagd.

Ihr Unterricht war nicht ästhetisch,
Im Gegenteil, sehr weit entfernt.
Und doch, wenn auch nicht theoretisch,
Ich hab' es ziemlich gut gelernt.

## Das erste Sonett

**Alexander Bessmertny**
oder **Franz Blei** zugeschrieben

Um meiner Mannheit Tiefgang auszuloten
Ging ich mit nacktem Glied zu Keuschgesinnten.
Ich glaubte, diese deutlichste der Finten
Sei zwingender als Zahlen oder Zoten.

Ich trat zu Mädchen unversehns von hinten,
Sprach sanft sie an und spielte den Zeloten.
Dann fragt ich plötzlich, wann sie denn den roten
Gewaltherrn hätten und wie lang sie minnten.

Sie sehn verdrehten Auges auf den Stecken,
Der ihnen doch galant entgegensteht.
Ich hebe sie darauf zu stülpsen,

Zuerst wohl würgen, schreien sie und rülpsen,
Dann fließt die Lust und alles Weh vergeht,
Bis sie zu tief gekitzelt drauf verrecken.

## Das dritte Sonett

Der rauhe Ost, der früh nach Rom mich jagte,
Ward dort zum Zephir hyacinthner Lüste.
Und keiner, der nur immer Mädchen küßte,
Rühm seinen Schwanz, daß er im Himmel ragte.

+

Auch mich erregen noch die herben Brüste
Kampan'scher Mädchen, doch wie oft verzagte
Mein Meerschaum an dem fremden Golf und klagte,
Daß ohne recht Verständnis diese Küste.

Wie anders schmiegte sich der Arsch des Knaben
Dem Schwanz in liebend rundlichem Gehaben!
Kein Weib hat so behende mit der Zunge

Die Eichel mir geleckt wie dieser Junge.
O könnt ich doch an deinem Marmorhintern
Mein Knabe, viele Monde überwintern!


## Das fünfte Sonett

So liegst du gut. Gleich wird sich's prächtig zeigen,
Wie klug mein Rat. Ich schiebe meinen Dicken
In dein bemoostes Tor. Man nennt das Ficken.
Du fragst warum? Davon laß jetzt mich schweigen.

Schon seh ich Schmerz in deinen blanken Blicken.
Das geht vorbei. Du mußt zurück dich neigen,
Gleich wird dein Blut dir jubeln wie die Geigen
Von Engeln, welche ihre Brünste schicken

In bebender Musik zum Ohr der Welt.
Famos! Du einst dich mir in bravem Schaukeln.
Die Schenkel schmiegen pressend, es umgaukeln

+

Mich Düfte, die mich locken in die Unterwelt.
Ein Stoß und Schrei! – Die weißen Glieder zittern
Im Kampf wie Apfelblüten in Gewittern.


## Das siebente Sonett

Der Müllerbube schiebt hinauf zur Mühle
Auf seinem Karren einen Mühlenstein,
Und in die Öffnung schob er glatt hinein
Sein steifes Glied und schaffte so sich Kühle.

Die blonde Müllerin sieht's im Sonnenschein.
Und trotz der unerträglich dumpfen Schwüle
Läuft sie hinab, daß prüfend sie's befühle:
Sie faßt und fühlt, es ist von Fleisch und Bein.

«Na hör, mein Junge», ruft sie sehr brutal,
«Was soll die Schweinerei mit deinem Schweif?!
Ist das die Prüfung, die ich dir befahl,

Ob du auch würdig wärest für mein Bett?»
Doch er zeigt nur die Inschrift um den Reif,
Und ach! sie liest gerührt: *Elisabeth*.

## Lesbische Liebe

**Danny Gürtler**
(d.i. Walter Emil Diller)

Komm her, du schöne Lesbierin,
Laß mich an dir gesunden,
Berausche meinen wilden Sinn,
Dein Kuß soll mich verwunden!

Zerfleisch' im Kuß die Brüste mir,
Das rote Blut soll rinnen.
O, sätt'ge deine wilde Gier,
So mußt du um mich minnen.

Hast alle Wünsche du erfüllt,
Will Schwester ich dich nennen.
Mit heißer Glut wie du so wild,
Lesbisch für dich entbrennen!!

Moderne erotische Lyrik

# Vom Expressionismus zur Neuen Sachlichkeit – die «Große Freiheit» im Großstadt-Dschungel

Denn meine Hände lieben
Deine Scham,
und meine Lippen sind ihr
Bräutigam

## Freudenhaus                    <u>August Stramm</u>

Lichte dirnen aus den Fenstern
die Seuche
spreitet an der Tür
und bietet Weiberstöhnen aus!
Frauenseelen schämen grelle Lache!
Mutterschöße gähnen Kindestod!
Ungeborenes
geistet
dünstend
durch die Räume!
Scheu
im Winkel
schamzerpört
verkriecht sich
das Geschlecht!

## Trieb

Schrecken Sträuben
Wehren Ringen
Ächzen Schluchzen
Stürzen
Du!
Grellen Gehren
+

Winden Klammern
Hitzen Schwächen
Ich und Du!
Lösen Gleiten
Stöhnen Wellen
Schwinden Finden
Ich
Dich
Du!

## Unausgeschöpft         Franz Richard Behrens

Leuchten
Samen
Leuchten
Samen
Leuchten
Bezeug
Samen

## Abends         Georg Heym

Es ist ganz dunkel. Und die Küsse fallen
Wie heißer Tau im dämmernden Gemach.
Der Wollust Fackeln brennen auf und wallen
Mit roter Glut dem dunklen Abend nach.

+

Das Fieber jagt ihr Blut mit weißem Brand,
Daß sie sich halb schon seinem Durst gewährt.
Sie bebt auf seinem Schoß, da seine Hand
In ihrem Hemd nach ihren Brüsten fährt.

Hinten, im Vorhang, in der Dunkelheit
Steht auf das Bett, der Hafen ihrer Gier.
Wie Wolken auf dem Meere lagert breit
Darauf der Dunst von schwarzem Elixier.

Wie wird es sein? Sie friert in seinem Arm,
Der ihren nackten Leib hinüberträgt.
Es zittert auf in ihrem Schoße warm,
Um den er wild die beiden Arme schlägt.

Ihr blondes Haar brennt durch die Nacht, darein
Die tiefe Hand des feuchten Dunkels wühlt.
Der Sturm der Wollust läßt sie leise schrein,
Da seinen Biß sie in den Brüsten fühlt.


## Salomo der Königin von Saba

## Max Herrmann-Neisse
(d.i. Max Herrmann)

Ich bette mich in dir: so werd ich reif.
Mein Phallus steigt als Stachel steil und steif.

Er sucht sein Nest: Du mußt ihn lind geleiten
und weich und warm ein Lager ihm bereiten.

+

Daß deine Hände auch mich lieben lernten
und meinen Schoß mit ihrer Huld besternten!

Denn meine Hände lieben deine Scham,
und meine Lippen sind ihr Bräutigam.

Mein Phallus lechzt nach deiner Brüste weichem,
zerwühltem Pfühl und deinem Mund, dem bleichen.

Küß' Balsam mir aus meinen Männlichkeiten
und laß den Zweig an deine Zunge gleiten!

Dein Simsons Same, dein des Hengstes Schweif!
Ich bette mich in dir: so werd ich reif.


**Tingeltangel**                                   <u>Oskar Kanehl</u>

> Durch dicken Qualm von Zigaretten
> bricht peinlich blechernes Gekreisch
> schon etwas älterer Soubretten,
> und Flitterzeug und nacktes Fleisch.
> Von Tisch zu Tisch geh'n bunte Schneppen,
> salzmagere und busenschwer.
> Ankratzen, kitzeln, kneifen, neppen.
> Kommis, Zuhälter, Militär.
> Um einen alten Kahlkopf schwärmen
> sie wie ein Geiervolk um Aas.
> +

Geilheit schwitzt ihm aus den Gedärmen,
geschmeichelt schenkt er jeder was.
Die Stimmung steigert sich aufs höchste.
Sie fangen schon an mitzusingen.
Wat meenste, Franz, nu mal int nächste,
da wo die dicken Damen ringen.

## Erotisches Varieté                    Alfred Lichtenstein

Auf offner Straße in der Nacht
Entkleidet sich ein Kneipenwirt.
Ein Ingenieur ist aufgebracht,
Der sich bei seinem Weib verirrt.

Nach gleichgesinnten Viechern schielt
Ein homosexueller Hund.
Ein Greis, der mit sich selber spielt,
Merkt: Allzuviel ist ungesund.

In schmutzig grüner Tunke hockt
Ein blauer Syphilitiker.
Ein Boxer bebt. Ein Baby bockt.
Verstiert fault ein Zylinderherr.

Ein Auto bringt ein Fräulein um.
Ein Junge bricht ein Mädchen an.
Verbittert ist ein Mensch. Warum?
Weil er nicht coitieren kann.

## Der Kavalier

Ein Kavalier ist unterwegs.
Noch sind ihm viele Mädchen Keks.
Noch ist ein Abend süß und lieb.
Ein Kavalier ist in Betrieb.

Bei Tage scheint die Sonne schön.
Ein Kavalier will sterben gehn:
Ein Kavalier hat seiner Braut
Die letzte Jungfernschaft geklaut.

## Mädchen

Sie halten den Abend der Stuben nicht aus.
Sie schleichen in tiefe Sternstraßen hinaus.
Wie weich ist die Welt im Laternenwind!
Wie seltsam summend das Leben zerrinnt …

Sie laufen an Gärten und Häusern vorbei,
Als ob ganz fern ein Leuchten sei,
Und sehen jeden lüsternen Mann
Wie einen süßen Herrn Heiland an.

## Ballon    Friedrich Wilhelm Wagner

Ein Ballon bewegt sich leise.
Menschenhälse strecken sich.
Tramways stürzen aus dem Gleise.
Droschkengäule töten sich.

Auf den Dächern tanzen Greise.
Jungfraun platzen männertoll.
Ein Ballon bewegt sich leise,
Lächelnd und sehr würdevoll.

## Keine Rose    Kurt Schwitters

Keine Rose ist von vorn
Gänzlich ohne Dorn.
Aber auch von beiden Seiten
Können Dornen sie begleiten;
Und von hinten trifft man oft
Dornen unverhofft.
Darum sollte man im Leben
Mit dem Dorn nach vorne streben.

## Fräulein Franke

Wie ein Gedanke
Saß auf der Banke
Ein Fräulein Franke.
Da kam der Herr Piesewitt
Und nahm die Dame mit.
Da hat Piesewitten die schönsten Stunden
In Fräulein Frankes Arm empfunden.


### Aus dem Singspiel «Der Lattentanz»
Auftritt des Zotendichters

### George Grosz

es bebt bereits der Lenz mir in den <u>Knochen</u>
die Latte steht, des Arschlochs Kerbe dampft
ein Schreinermägdlein kam beinah in <u>Wochen</u>
wir wollen morgen Sagosuppe kochen —!
— hoho! Berlin! «von Portweinflaschen überpinkelt»
dein graues Afterantlitz zetert von Benzin —,
— — wenn ich nur wieder vögeln könnte —!
ein Hoherpriester prunst mit einer Ente.
was sagt Therese immerfort? — «Dein Sperma ist wie
Talk?
a hem! Komm her mein lieber Schatz wir tanzen
cakewalk!»

+

So geht das Leben aus und ein und ein und aus und
                                         ein
    der Schatterbox, jedoch, nanu, der fickt mit einem
                                    Schwein!
Manch großen Reiches Herrlichkeit geht, denk mal,
                              plötzlich flöten —
    daß Kinderfräulein spielt mit Schneid an Willys
                                Schülerklöten —
mein Kopf der ist ne Blase, ne Blase, ne Blase — !!!!
— voll Zoten — voll Zoten — voll Zoten — holdrio!
                                      holdrio!
«drunt' im Unterland, da ist's halt scheen»
                       (the big sackjucker!)

O Lise Deine weiße Schenkelpolster!
mein Kopf der torkelt langsam drüber hin —
mein Glied, ein Kompaß zeigt extrem gen Osten
    (ein dicker rosenroter geiler Pfosten,
      steht in der Leibesmitte starr und aufrecht Posten)
sieh da! der Zotendichter lacht sich krumm und schief
    ho! ho! — hi! hi! — ha! ha! — ho! ho!
es ist bereits halb sieben
ach Olga! mach die Beine breit,
    wir woll'n ne Nummer schieben!
sie schoben tief und tiefer
er schob sogar den Kopf herein bis an den Oberkiefer!

## Oz, laß uns einen heben
eigene Melodie / Oz gewidmet
zum Portwein zu singen

Vers 1    Oz, laß uns einen heben
beschissen ist das Leben
das Leben ist beschissen
manchmal schlägt dir's Gewissen

Refrain:
wir scheißen in den güldnen Teich
ei ei – ei – ei – – – ei – ei!
wir scheißen in den güldnen Teich
juhu – juchhe – juchhei!

Vers 2    Schorschl seiner steht
wie das nun mal so geht
er fickt die fette Olga –
        jawoll ja!

Refrain: siehe oben. wir scheißen. u.s.f.

Vers 3    einer hängt im Baume
wie ne' verfaulte Pflaume
er spielte sich zu oft am Bimmel
nun flog er in den Himmel

Refrain: wie oben. wir scheißen. u.s.f.

+

Vers 4       Fritz dem ging der Sack entzwei
             nun bimſt er eben ohne Ei
             er spritzt nun ohne Samen –
                         Amen!

             Refrain! wir scheißen. u.s.f.

Vers 5       ein Ei ging auf die Freite,
             es freite eine Möse –
             da wurd es Stillenkäse:

             Refrain! wir scheißen u.s.f.

Vers 6       es heult der Wind
             mir ſteht der Pint
             am Arsche spielte sich das Kind – !

             Refrain: wir scheißen u.s.w.

Vers 7       ein Schwanz, der 20 centim. maß
             dem macht das Vögeln solchen Spaß
             er vögelt immerzu
             und hat doch keine Ruh — juchhu!

             Refrain: wir scheißen u.s.w.

             +

Vers 8  ich schließe jetzt die Hose
und diese schweinsche Chose
ich muß nun schlafen gehn
mein Pint will nicht mehr ſtehn!

Refrain! wir scheißen u.s.f.

## Der Greis stellt nach der jungen Katherine

Mynona
(d.i. Salomo Friedlaender)

In ihrer Einfalt hält sie's für tot-schick.
Erwidert lieblich seinen geilen Blick,
Schließlich besucht ihn auch die dumme Trine.

Er öffnet ihr mit heuchlerischer Miene
Sein Schlafgemach und zieht mit schlauem Trick
Sie auf sein Himmelbett, faßt ihr Genick
Und küßt sie abgehackt, *à la machine.*

Harmlos gewährt sie ihm Mund, Augen, Näschen
(Verwundert zwar spürt sie was andres auch);
Doch warum weint der Greis und sinkt zurück?

Zitternd rafft er sich auf und trinkt ein Gläschen.
Gefühlvoll fragt sie noch der lahme Gauch:
Ob jemals sie erlebt der Liebe Glück?

**Der dicke Bürger weint gern in der Nacht,**
Wenn die Matratze ihm ironisch knarrt,
Und ihm die Jungfer in die Ohren quarrt,
Er habe ihr gewiß ein Kind gemacht.

Besoffen, steigt er wütend raus und lacht
Voll Hohn, dieweil der Nachttopf bullernd schnarrt:
Ich bin kein Dutzendjunge, bin apart
Und habe mich mit dir nicht abmaracht,

Damit du Alimente quasselnd schindest,
Mich (simulierend) scheußlich an dich knüpfst.
Ich bin ein Mann voll jener Majestät,

Der du gelegentlich die Hosen lüpfst
Und, wenn der Unterleib ihm aufgebläht,
Ihn an dich nimmst, daß Wollust du empfindest.


**Der Edelmann geht rüstig ins Bordell.**
Er sieht, bedächtig, sich die Mädchen an;
Endlich fängt er's mit einem Hedchen an,
Sie hat ein gar so weiß und blondes Fell.

Die Nacht ist kurz, auf einmal wird es hell;
Er geht hinaus, sieht sich das Städtchen an,
's fliegt ihn Altweibersommerfädchen an,
Grad an die Nase, und er niest blitzschnell.

+

Ein Käthner hört's, wünscht höflich ihm «Gesundheit!»
Doch er: «Sie unverschämter dummer Bengel!» –
Der Käthner nimmt die Axt und trifft – wohin,

Das ist genierlich –: er zermatscht in Wundheit
Justment dasselbe Glied, das jenen Engel
So sehr erfreute. – Oh, welch tiefer Sinn!


**Susanne wandert nach dem Badezeltchen,**
Die Glieder eingehüllt in seidnen Rips.
Ein Herr (Zylinder, Lack, Monokel, Schlips)
Folgt ihr verstohlen in das Tannenwäldchen.

«Zu mager», urteilt er. Doch durch ein Spältchen
Schielt lüstern er, ein ganz infamer Fips,
Erblickt (statt des vermeintlichen Geripps)
In Wahrheit das graziöseste Gestältchen.

Anmutig hebt sie eine Wasserkanne,
Besprudelt ihren fabelhaften Wuchs.
Er, selbstvergessen, ungeheuer hastig

(So geht es jedem überreizten Manne),
Tritt fehl, versinkt fast ohne jeden Mux
In einem Sumpf (die Gegend war morastig).

## Im feuchten Park                    Anonym
Aus: Die braune Blume

Laß uns in den Park gehn, kesser Junge,
in der Pinkelbude stinkt es so gemein;
außerdem kann ich mit meiner Zunge
dir dort ungestört gefällig sein.

Hier kommt jeden Augenblick ein andrer
Interessent und will beteiligt sein,
oder greift ein alter Liebeswandrer
unbeherrscht uns an das Mittelbein.

Draußen feuchtet zwar verzogner Regen
dampfend noch die schwüle Sommernacht,
aber auf den engen dunklen Wegen
habe ich's schon manchmal nett gemacht.

Angelehnt an eine junge Esche
machst du dir die Hose etwas frei,
und ich ziehe dir die bunte Wäsche
sanft hinweg von Leib und Schwanz und Ei.

Und im Dunkel streichl' ich dich und bücke
ich mich gern, wenn es kein andrer sieht,
spiele feucht an dir herum und drücke
in den Mund dein glattgeschwollnes Glied.

+

Aber ehe aus der blauen Rose
spritzend sich erlöſt der weiße Tau,
mach' ich meine eigne Sache, lose
und verwandle dich in eine Frau.

## Die Greise                    Anonym
Aus: Die braune Blume

Leise trippeln sie zur Abendſtunde
durch den dämmervollen Sommergarten
zu der laubumsponnenen Rotunde,
wo die kessen Kerle wichsend warten.

Schüchtern neſteln sie die matten Würme
aus der Hose und mit frechen Blicken
muſtern sie die schönen dicken Türme,
die im Schwellen auf- und abwärtsnicken.

Hinzugreifen fehlt schon die Courage,
einen Taler würde man riskieren,
und so bohrt man ſtill im eignen Arsche
mit dem Finger und kann resignieren.

Heimwärts schleichen sie durchs Abendglänzen;
jeden Tag, ach, wird der Gang fataler.
Doch die Kerle mit den schönen Schwänzen
ſtehn noch lang und träumen von dem Taler.

## Die Schusterin                              Klabund
(d.i. Alfred Henschke)

Es war einmal eines Schusters Frau
Ein wunderschönes Weib,
Die liebte die feinen Herren
Zum schönsten Zeitvertreib.

Maß einem edlen Grafen
Der Schuster Schuhe an,
So stand sie dicht daneben
Und lächelte ihn an.

Im Garten steht eine Laube,
Es zwitschert die Nachtigall.
Dort traf sie nachts im Dunkeln
Die Kavaliere all.

Ihr Haar flog wild im Winde,
Der Mond verkroch sich sacht.
Sie liebte in ihrer Sünde
Sieben in einer Nacht.


**Ich lieb ein Mädchen, welches Margot heißt,**
Sie hat zwei Brüste wie zwei Mandarinen.
Wenn wir der holden Göttin Venus dienen,
Wie gern mein Mund in diese Früchte beißt.

+

Ich lieb ein Mädchen, welches Margot heißt.
Doch wer sie liebt, muß sie zuweilen prügeln.
Es läßt sich leicht nicht ihre Wildheit zügeln,
Wenn man sie tändelnd nur als Eva preist.

Ich lieb ein Mädchen, welches Margot heißt,
Bewandert in den Liebesdialekten,
Die schon die alten Phrygier entdeckten.
(Gebenedeit sei ihr antiker Geist!)

Ich lieb ein Mädchen, welches Margot heißt.
Sie wohnt in einem schmutzigen Bordelle,
Man zieht an einer rostigen Klingelschelle,
Worauf Madam den Gast willkommen heißt.

Ich lieb ein Mädchen, welches Margot heißt.
Ich liebe diese ganz allein, nur diese.
Der Louis fand die passende Louise –
Bis man die Scherben auf den Müllplatz schmeißt ...

**Ich schlage schamlos in die Tasten.**
Die Ampel tönt. Es zwitschert das Bordell.
Die schlanken Knaben bleich vom langen Fasten
Erheben kühl sich vom kastalschen Quell.

+

Sie werfen ab die wolligen Gewänder,
Die Hemden kurz, die Mütter einst genäht.
Sie schweben engverschlungne Negerländer,
In denen palmengleich die Liebe steht.

Es neigen sich mit ihren schmalen Mündern
Die Huren in den unerfahrenen Schoß,
Und sie empfangen von den blassen Kindern
Lächelnd ihr gutes oder schlimmes Los.

### Erich Mühsam

**Als ich dich fragte: Darf ich Sie beschützen?**
da sagtest du: Mein Herr, Sie sind trivial.
Als ich dich fragte: Kann ich Ihnen nützen?
da sagtest du: Vielleicht ein andres Mal.
Als ich dich bat: Ein Kuß, mein Kind, zum Lohne!
da sagtest du: Mein Gott, was ist ein Kuß?
Als ich befahl: Komm mit mir, wo ich wohne! –
da sagtest du: Na, endlich ein Entschluß!

### Kleiner Roman

Sie lernte Stenographin.
Er war Engros-Kommis.
+

Im Speisewagen traf ihn
ein Blick. Er liebte sie.

Auf einer Haltestelle
brach man die Reise ab,
woselbst er im Hotelle
sie als sein Weib ausgab.

Nicht viel, das man sich fragte.
Doch küßten sie genug.
Und als der Morgen tagte,
ging schon der nächste Zug.

Nach einer kurzen Stunde
fand ihre Fahrt den Schluß.
Er nahm von ihrem Munde
noch einen heißen Kuß.

Er sah sie schnupftuchwinkend
noch stehn zum letztenmal,
und in sein Auge blinkend
sich eine Träne stahl.

Er soll sie heut noch lieben.
Sie war so drall und jung.
Ihr ist ein Kind geblieben
und die Erinnerung.

## Mädchen mit den krummen Beinen

Mädchen mit den krummen Beinen,
wie dein Dackel schief im Gang,
glätte mir dein weißes Leinen.
Grade will dein Wuchs mir scheinen,
liegst du lang.

Deine Haut, die fleckig, kreidig,
dir verunziert Stirn und Wang,
rötet sich und wird geschmeidig
und dein Borstenhaar wird seidig,
liegst du lang.

Dein Organ ist wie der Spatzen
kreischend krächzender Gesang.
Komm auf schwellende Matratzen!
Wohllaut wird dein heisres Kratzen,
liegst du lang.

Armes Kind, nie kam ein Freier,
der dich auf sein Lager dang.
Komm zu mir zur Liebesfeier!
Mir schwillt Mut und Blut und Leier,
liegst du lang.

## Joachim Ringelnatz
(d.i. Hans Bötticher)

**Den Unterschied** bei Mann und Frau
Sieht man durchs Schlüsselloch genau.


### An Berliner Kinder

Was meint ihr wohl, was eure Eltern treiben,
Wenn ihr schlafen gehen müßt?
Und sie angeblich noch Briefe schreiben.

Ich kanns euch sagen: da wird geküßt,
Geraucht, getanzt, gesoffen, gefressen,
Da schleichen verdächtige Gäste herbei.
Da wird jede Stufe der Unzucht durchmessen
Bis zur Papagei-Sodomiterei.
Da wird hasardiert um unsagbare Summen.
Da dampft es von Opium und Kokain.
Da wird gepaart, daß die Schädel brummen.
Ach schweigen wir lieber. − Pfui Spinne, Berlin!


### Offener Antrag auf der Straße

Ich habe einen Frisiersalon.
Komm mit. Dort wollen wir knutschen.
        +

Ich wollte, ich wäre ein Malzbonbon
Und du, du würdeſt mich lutschen.

Wir geben dem Lehrbub den Nachmittag frei
Und schreiben «Geschlossen bis sieben».
Ich habe Rotwein im Laden und drei
Dicke Roßhaarsäcke zum Lieben.

Ich werde dich unentgeltlich frisieren
Und dir die Nägel beschneiden.
Du brauchſt dich gar nicht vor mir geniern,
Denn ich mag dicke Fraun leiden.

Ich habe auch Schwarzbrot und Butter und Quark
Und außerdem einen großen – –
Donnerwetter sind deine Muskeln ſtark!
Du, zeig mal: was haſt du für Hosen?

Wenn du dann fortgehſt, bedanke dich nicht,
Sondern halt es mit meinem Freund Franke.
Der sagt immer, wenn man vom lieben Gott spricht:
«Wem's gut geht, der sagt nicht danke.»

## Pipi

Es drängt mich, dein Pipi zu trinken,
und sieh, nun trinke ich bereits.

+

O welch Genuß bei deinem Beinespreiz,
o wie die Wasser hurtig blinken.
Ich möchte ganz darin versinken.
– Es ist nicht wahr, daß deine Wasser stinken. –
Nun hörst du auf? O pfui, welch Geiz!

### Bertolt Brecht

**Liebe Marie, Seelenbraut:**
Du bist viel zu eng gebaut.
Eine solche Jungfernschaft
Braucht nur zu viel Manneskraft.

Ich vergieße meinen Samen
Immerdar schon vor der Zeit:
Wohl nach einer Ewigkeit
Aber lange vor dem Amen.

Liebe Marie, Seelenbraut:
Deine dicke Jungfernhaut
Bringt mich noch zur Raserei:
Warum bist du auch so trei?

Warum soll ich, sozusagen:
Nur weil du lang sitzen bliebst
Grade ich, den du doch liebst
Mich statt einem andern plagen?!

## Sonett über einen durchschnittlichen Beischlaf

Bis ich dich endlich übern Stuhle habe
Hoff ich, du seist endlich die ausgesiebte
Und etwas nässer als die, die ich liebte.
(Es pflanzt die Hoffnung, ach, uns noch am Grabe!)

Ich seh: es geht. Ich hoffe: nicht zu schnell!
Von nun an denk ich immer nur an *ihn*!
(Gut: weniger Lieb und weniger Vaselin)
Dafür bricht der jetzt Schweiß aus ihrem Fell!

Ach, du verglichst mich schon mit einem Pferde
Vor fünf Minuten! Wie ich darauf scheiße!
Dieweil ich sinne, wie ich fertig werde
Nennst du mich Emil, der ich nicht so heiße!

Dies alles ist in höhrem Sinne schnuppe
Im Schweiß des Antlitz' koch ich meine Suppe!

## Das neunte Sonett

Als du das Vögeln lerntest, lehrt ich dich
So vögeln, daß du mich dabei vergaßest
Und deine Lust von meinem Teller aßest
Als liebtest du die Liebe und nicht mich.

+

Ich sagte: Tut nichts, wenn du mich vergißt
Als freutest du dich eines andern Manns!
Ich geb nicht mich, ich geb dir einen *Schwanz*
Er tut dir nicht nur gut, weil's meiner ist.

Wenn ich so wollte, daß du untertauchst
In deinem eignen Fleische, wollt ich nie
Daß du mir eine wirst, die da gleich schwimmt
Wenn einer aus Versehn hinkommt an sie.
Ich wollte, daß du nicht viel Männer brauchst
Um einzusehn, was dir vom Mann bestimmt.

## Moralische Anatomie                    Erich Kästner

Da hat mir kürzlich und mitten im Bett
eine Studentin der Jurisprudenz erklärt:
Jungfernschaft sei, möglicherweise, ganz nett,
besäß aber kaum noch Sammlerwert.

Ich weiß natürlich, daß sie nicht log.
Weder als sie das sagte,
noch als sie sich kenntnisreich rückwärtsbog
und nach meinem Befinden fragte.

Sie hatte nur Angst vor dem Kind.
Manchmal besucht sie mich noch.
An der Stelle, wo andre moralisch sind,
da ist bei ihr ein Loch …

## Eine Animierdame stößt Bescheid

Ich sitze nachts auf hohen Hockern,
berufen, Herrn im Silberhaar
moralisch etwas aufzulockern.
Ich bin der Knotenpunkt der Bar.

Sobald die Onkels Schnaps bestellen,
rutsch ich daneben, lad mich ein
und sage nur: «Ich heiße Ellen.
Laßt dicke Männer um mich sein!»

Man darf mich haargenau betrachten.
Mein Oberteil ist schlecht verhüllt.
Ich habe nur darauf zu achten,
daß man die Gläser wieder füllt.

Wer über zwanzig Mark verzehrt,
der darf mir in die Seiten greifen
und (falls er solcherlei begehrt)
mich in die bess're Hälfte kneifen.

Selbst wenn mich einer Hure riefe,
obwohl ich etwas Beßres bin,
das ist hier alles inklusive
und in den Whiskys schon mit drin.

So sauf ich Schnaps im Kreis der Greise
und nenne dicke Bäuche Du
und höre, gegen kleine Preise,
der wachsenden Verkalkung zu.

+

Und manchmal fahr ich dann mit einem
der Jubelgreise ins Hotel.
Vergnügen macht es zwar mit keinem.
Es lohnt sich aber finanziell.

Falls freilich einer glauben wollte,
mir könne Geld im Bett genügen,
also: Wenn ich die Wahrheit sagen sollte,
müßt ich lügen!

## Die Liebeseifrige                    Theodor Kramer

Ich lieb den Schnitt, der deine Stirn durchquert,
ich lieb vor Früh die Stoppeln um dein Kinn;
mit harter Hand hast du mich recht gelehrt
die Lust, für die ich, Freund, geschaffen bin.

Nach Kletten roch das unbestellte Land,
das hinterm Zaun an unsern Garten stieß,
wo lang im Finstern im Gebüsch ich stand
und lauschte, bis ein Mann sein Wasser ließ.

Das ist vorbei. Ich weiß nun, was dich hält,
von deinen Küssen sind die Brüste wund;
und wenn es müd ist und es dir gefällt,
nehm ich dein bloßes Glied in meinen Mund.

## Der Zitterwels                    Julie Schrader

Ich könnte mich vergessen!
Der Dichter ist ein Narr.
Er ist auf mich versessen
Und nennt sich Hermann Bahr.

Er kam mir «bar» entgegen
Im Zimmer des Hotels
Und zeigte mir verwegen
Den langen Zitterwels.

Ich war nicht g'rad bei Angel
Und ohne Appetit.
Gewiß, es war kein Mangel...
Ganz hübsch, was man so sieht.

Doch brauche ich zu jenem
Gefühl und Atmosphär'.
Man muß sich schon bequemen...
Kaffee, Sekt und Liqueur.

## Rickel-rackel

Rickel-rackel, rickel-rackel,
Meine Mühle geht so fein!
Rickel-rackel, rickel-rackel,
Bald werd' ich zu Pulver sein!

+

Rickel-rackel, rickel-rackel,
Müller, drehe nicht zu schnell!
Rickel-rackel, rickel-rackel,
Mehr Gefühl eventuell!

Rickel-rackel, rickel-rackel,
Schon die ganze Lade voll!
Rickel-rackel, rickel-rackel,
Wo das nur noch hinführ'n soll!

Rickel-rackel, rickel-rackel,
Wieviel Säcke kommen noch?
Rickel-rackel, rickel-rackel,
Mühle braucht ein zweites Loch!

## An mich selber                    Peter Hammerschlag

Ich liebe zärtliche Blondinen
Und läge schrecklich gern auf ihnen.
Sie weigern sich. Auch die Brünetten
Sind gern allein in ihren Betten.
Und auf den Bettchen von die Roten
Steht: «Eintritt Hammerschlag verboten!»
Mensch, bleibe was du bist –
Onanist!

Moderne erotische Lyrik

# Nach dem Krieg:
# Vom Wiederaufbau bis
# Anfang der 1970er —
# der Muff wird abgelegt

Fögeln, Fressen, Trinken,
Schlafen, Scheißen, Fögeln

## Fressen, Trinken, Schlafen          <u>Peter Rühmkorf</u>
(Entstanden 1948)

Fressen, Trinken, Schlafen,
Scheißen, Fögeln, Fressen.
Trinken, Schlafen, Scheißen.

Fögeln, Fressen, Trinken,
Schlafen, Scheißen, Fögeln,
Fressen, Trinken, Schlafen.


## Das Pflaumenlied          <u>Bertolt Brecht</u>

Als die Pflaumen reif geworden
Zeigt im Dorf sich ein Gespann
Früh am Tage, aus dem Norden
Kam ein schöner junger Mann.

Als wir warn beim Pflaumenpflücken
Legte er sich in das Gras
Blond sein Bart, und auf dem Rücken
Sah er zu, sah dies und das.

Als wir eingekocht die Pflaumen
Macht er gnädig manchen Spaß
Und er steckte seinen Daumen
Lächelnd in so manches Faß.

+

Als das Pflaumenmus wir aßen
War er lang auf und davon
Aber, glaubt uns, nie vergaßen
Wir den schönen jungen Mann.

## Sauna und Beischlaf

Am besten fickt man erst und badet dann.
Du wartest, bis sie sich zum Eimer bückt
Besiehst den nackten Hintern, leicht entzückt
Und langst sie, durch die Schenkel, spielend an.

Du hältst sie in der Stellung, jedoch später
Sei's ihr erlaubt, sich auf den Schwanz zu setzen
Wünscht sie, die Fotze aufwärts sich zu netzen.
Dann freilich, nach der Sitte unsrer Väter
Dient *sie* beim Bad. Sie macht die Ziegel zischen
Im schnellen Guß (das Wasser hat zu kochen)
Und peitscht dich rot mit zarten Birkenreisern
Und so, allmählich, in dem immer heißern
Balsamischen Dampf läßt du dich ganz erfrischen
Und schwitzt dir das Geficke aus den Knochen.

## Frühlingserwachen                    <u>Fritz Grasshoff</u>
oder
## Guter Rat an ausgereifte Jungfrauen

Es duftet mild nach Gasanstalt.
Der Koks dampft in den Loren.
Im Telegrafenstangenwald
wird ein neuer Frühling geboren.

Klopft erst der kleine Mann im Ohr,
wird euch zu eng der Slip,
und raunts auf jedem Korridor
von Knutsche und von Strip —:

dann schäkert mir nicht ungekämmt!
Stelzt wie auf Anthrazit!
Und will der Chef mit unters Hemd,
seid nett und nehmt ihn mit.

Der süße Lenz, kaum ist er da,
sind die klügsten Wölfe malle.
Und jeder lupus in vagina
sitzt einmal in der Falle.

## Mein Geschlecht zittert                Hilde Domin

Mein Geschlecht zittert
wie ein Vögelchen
unter dem Griff deines Blicks.

Deine Hände eine zärtliche Brise
auf meinem Leib.
Alle meine Wachen fliehn.

Du öffnest die letzte Tür.
Ich bin so erschrocken
vor Glück
daß aller Schlaf dünn wird
wie ein zerschlissenes Tuch.

## Von mir und meiner Dicken        Wolf Biermann
## in den Fichten

Bloß paar schnelle Sprünge weg vom Wege
Legte ich ihr weißes Fleisch ins Gras
Mittagsonne brannte durch die Fichten
Als ich sie mit meinem Maße maß
Käfer krochen unter uns, es brachen
Heere Ameisen froh in uns ein
Etwa zwischen Bauch und Bauch zu baden
Oder irren zwischen Bein und Bein

+

Horden Mücken soffen sich von Sinnen
Stachen mich, weil ich ja oben schwamm
Bis ein Wolkenbruch, ein schneller greller
Uns in seine guten Arme nahm
Traubenschwere Wassertropfen fielen
Faul herab auf unsre heiße Haut
und der wundermilde Guß von oben
Hat den großen Tod uns nicht versaut

Als ich endlich flach lag auf dem Rücken
Kippten meine Augen müde hoch
Einen Düsenjäger sah ich schweben
Durch ein aufgebauschtes Wolkenloch
Schwebte hin, schrieb einen sanften Bogen
Bis hinunter in das hohe Blau
Wieder brach die Sonne durch die Fichten
Und wir dampften im Nachmittagstau

## Päderastie als Waffe                    Erich Fried

Den Knaben die er im Kino getroffen hatte
gestand André Gide
im Bett oder am Morgen
nach einer durchliebten Nacht:

+

Du kannst deinen Freunden sagen
du hast mit einem berühmten Mann geschlafen
mit einem Schriftsteller
Mein Name ist François Mauriac

## Schwein des Anstoßes

Wer nicht Anstoß
zum Stoßen
findet
der fühlt sich oft
abgestoßen
wenn vom Stoßen
die Rede
oder das Bild ist

Wir aber
stoßen an
auf das Stoßen
dann glaubt uns jeder
daß uns der Bock stößt
und nicht etwa
schon der Wurm

## Lied, der Freiheit ein Kind zu machen

Volker von Törne

Mädchen, willst du Jungfrau bleiben?
Wir sind doch nur einmal jung!
Wolln wirs nicht zusammen treiben
in der roten Dämmerung?

Ei, ich greif dir unters Mieder,
denn ich weiß, das ist dir recht!
Denn du hast ja glatte Glieder
und dein Busen, der ist echt!
(In der roten Dämmerung!)

Manche Herrn in Bonn am Rheine
haben Köpfe voller Stroh,
aber du hast lange Beine
und die enden irgendwo.
(In der roten Dämmerung!)

Komm, zieh aus die Notstandsröcke!
Mädchen, geh doch endlich fremd,
denn die alten braunen Böcke
sind doch längst schon impotent.
(Und sie enden irgendwo in der roten Dämmerung!)

## Idylle

Im Gras zirpt eine Grille
Im Dorfe bellt ein Hund
Wie ist die Nacht so stille
Leg dich zu mir, Sybille
Und reich mir deinen Mund

Der Wind riecht nach Kamille
Nach Rosen und nach Raps
Leg dich zu mir, Sybille
Dein Mund hat mehr Promille
als scharfer Zwetschgenschnaps

Streif ab die letzte Hülle
Die dich von mir noch trennt
Ich teil mit dir, Sybille
Des Sommers dunkle Fülle
Was man so Liebe nennt

Leg dich zu mir, Sybille
Warum bist du so scheu?
Wozu gibt es die Pille?
Im Gras zirpt eine Grille
Leg dich zu mir ins Heu

+

So ist es Gottes Wille
Er schuf ja auch das Heu
Er schuf im Gras die Grille
Und mich und dich, Sybille
Und auch die Nacht: Ahoi

## Häschen in der Grube VI                    Renate Rasp

Männer
sagte er sind
einfach besser
weil ein Mann
eben weiß
was für einen
Mann gut ist
als sie auf
ihm hockte und
sich abmühte
daß es endlich
bei ihm käme
schon ganz rot
im Gesicht
und heiser
da legte sie
noch einen Schein
drauf.

## Gummischutz                    Ulrich Raschke

wenn man als junggeselle
ein- und aufgemöbelt
schutz sucht hinter
einer aufgerauhten oberfläche
einer warzenhaut oder
zackig sich versteckt
wenn man hahn im korb ist
weil der kamm schwillt
unter aufreizendem vorsatz
weil sich nichts verrichten läßt
mit zartem glacéglied
und einer schlafmütze
auf der eichel


## Puffhund                    Johannes Schenk

Ein Puffhund aus Porzellan kostet 200 Mark,
das ist der Verdienst
einer Nutte zur Gründerzeit:
den sie hatte im Monat von 80 Männern.
Der Puffhund lebt lang mit goldener Kette
im Fenster der Dame, die pufflos
ohne Puffmutter ihren Hundeschwanz
zum Beschauen nach draußen zeigt.

+

Die Dame wartet auf einen Porzellanschwanz,
mit ihrem Puffhund, der anzeigte früher
in Amsterdam im Butzenfenster:
Hier wohnt eine Nutte;
der anzeigte mit der Schnauze nach draußen
oder nach drinnen,
ob sie gerade zerrieben wird oder allein
ihre Brüste streichelt mit fünf Fingern.

Und die Heiligen der Straßenecken, die Emmas
die Susis mit dem Finger in Klausens Hosenstall
sind freundlich.
Nudi trug ihren letzten Hund zum Trödler.
Nudi, arbeitslos, zu alt
ging einen Kaffee trinken zu zehn Pfennig.
So hatte sie noch vier Mark neunzig.
Fünf kriegte sie für den Hund.

## Bericht der Knopfpresserin Olga Baschba

Ich Olga aus der Fabrik
Knopfpresserin,
dünn und wie sie sagen ohne Titten
für das Kind
will schnell noch einen Schnaps,
+

weil mein Mann und das mit Kind,
gegangen ist:

heute um halb vier oder gestern und mich
mit meiner roten Spalte
allein ließ auf dem Küchenstuhl.
Da lag nur noch ein Zettel:

*Doofe Alte Dünne ohne Titten*
*wir sind weg Karl und Kind*

Mein Mann, Eisenfräser,
hatte nie Zeit.
Und das Bett war wie Schrank,
wo man sich reinhing.
Nur dreimal sah ich blank
den Stengel vom Mann:
das 1.mal schnell das 2.mal schnell.

Das drittemal schnell,
da kam das Kind.
Dann war nur Durchzug im Bett
von der Tür her.

Ohne Kind ohne Mann
sitz ich und frage wers möchte,
den knöpfe ich auf
dem machen alles die Finger von Olga.

## Sonett                                    Karl Krolow

Hol den Ständer langsam aus dem Latze,
laß dir mit dem roten Dolche Zeit!
Vorher wirf sie schnell auf die Matratze.
Leg ihr ihren Blätterteig bereit

Und bespringe sie mit einem Satze.
Mit dem Lulatsch kommst du bei ihr weit.
Grabe immer tiefer nach dem Schatze
Zwischen ihren strammen Schenkeln, reit'

Unter dir das heiße Fleisch der Stute.
Lasse ihr vom Safte deiner Rute
Alles warm in die Pastete dringen.

Sorge immer neu für's einzig Gute.
Nimmt sie deinen Pipin in die Schnute,
Laß die Engel ihr im Himmel singen.


### Karol Kröpcke
(d.i. Karl Krolow)

Aus «Bürgerliche Gedichte»

I     Sein bürgerlicher Schwanz,
      der für Geld mir
      von hinten hoch kam
      in die offene Dose,
      hinderte mich nicht,
      +

Gefühl für den Gegenstand zu haben,
der für Geld in mir
tätig war,
ruhig und mit Gefühl
für Zeit, die Geld ist,
während mir das Loch
langsam naß wurde und ich
mich hüftaufwärts immer stärker
nach vorn krümmen mußte,
stehend, während er stehend
seinen Stengel an die Gebärmutter drückte,
heiß und langsam, und seine Eier
irgendwo hinter mir schaukelten,
ich nach hinten griff und
zwischen Daumen und Mittelfinger
die Hoden preßte, bis er für Geld
entlud und mir sein Inneres
langsam aus meinem Paradies lief,
langsam die Innenfläche
des linken Oberschenkels herunter,
und ich mich wieder aufrichtete.


VII    Der Junge — wenn er fertig war —
strich mit seinem weichen Schwanzende
der Alten über die Titten
+

mit den besonders weiten Warzenhöfen,
daß die fetten Knospen
noch einmal eregierten.
Sie hielt sich ihn
an Tagen mit einsamem Zeitvergang
für ihre abgenutzten Körperteile,
die sie ihm zum Verbrauch darbot,
wenn sie länger ohne Sperma
geblieben war
und sein Glied sie schnell
von hinten spießen mußte,
aus der Hose heraus, im Stand,
während sie sich über den Tisch
mit Essenresten beugte
– gutes Essen muß sein –
und ihr Schließmuskel rhythmisch
zuckte und sich dem Tempo
der Vögelstöße anpaßte,
die sie genoß wie die
Hände des Halbwüchsigen, der mit ihnen
ihr Gesicht flach auf die
Tischplatte drückte.


IX     Ein Steifer kam ihr von vorn,
       ein Steifer von hinten herein,
       +

gleichzeitig, der eine von unten her,
von oben der andere.
Sie war ein Sandwich
zwischen zwei Männern,
die ihre Kraft ihr
in den Bauch bliesen,
in dem sich die beiden Schwanzspitzen
nahe kamen,
in der Dunkelheit ihrer Höhlen,
während die fremden Fleischstücke
immer höher nach oben krochen
von innen her auf die Brüste zu,
bis der heiße Kaviar in ihr
zu wandern begann und sie ihn
schließlich hinter der Zunge spürte
und ihn dann den beiden
in ihre Fressen spuckte.


XIII    Dieser Beton-Mann
mit seinem Brecheisen,
das ihm vorn wuchs,
stemmte sie jedesmal hoch
in die Luft, wenn er es in sie rannte
und sie mit den Beinen da oben
strampelte, in den Himmel gefickt,
+

aus dem er sie nicht mehr herunter-
ließ auf Tisch oder Bett und sie
auf seinem Beton-Ding reitend
vor sich her vögelte bis sie
sich heiser schrie und er ihr
sein heißes Gebläse durch die Figur
jagte, dessen Reste noch nach Stunden
an ihren besseren Öffnungen hingen.

### XXI  (Nach Hubert Selby)

Die Jugendlichen standen da
im Kreis herum, während
einer von ihnen die
nicht mehr junge Frau an der
Erde hinmachte
und in sie wie in eine Kuh
fickte, ganze Arbeit leistete
mit seiner Latte und die anderen
ihre steifen Latten aus den Hosen
stehen hatten und sich gegenseitig
einen herunterholten, weil sie es
nicht mehr aushalten konnten
und über die beiden spritzten,
die an der Erde waren,
bis sie nacheinander bei der Frau,
die nichts als fette Fotze war,

+

dran kamen
und sie jedes Mal ihnen ihre Beine
auf den Rücken schlug, wenn sie
fertig wurden, der nächste
seinen Bengel in sie zwang
und ihr die Weichteile weitete
bis zur nächsten Runde
und sie schließlich sie am Boden
alle gemeinsam bepißten,
weil sie so schön still war,
und jemand noch auf den Einfall kam,
sie als richtiges Klosett
zu benutzen.


## Widmungsblätter        <u>Hartmann von Moisenhayn</u>

I jägerlied
für uhland

kein' bessre lust in dieser zeit
als in die maid zu dringen
wo drossel prickt und habicht freit
will ich die maid bespringen

o säß die maid im wipfel grün
tät wie 'ne drossel pricken
dann spräng ich wie ein horn hoch hin
tät sie von unten ficken

II  der entsterzte
für eichendorff

>wohlgerüstet war ich kommen
siegessteif doch wie zum schmerz
hat man mir mein' sterz genommen
wer kann sterzeln ohne sterz?

so vorm augenfick — geschlagen
stürzt ich sterzlos vor ihr hin
hatt' kein herz nun ihr zu sagen
daß ich ein entsterzter bin

III  die sticht schon
für grillparzer

mit dem gestraffeten glied kannst du wichsen und
                                    bumsen und orgeln
aber ersticket wie sein's auch dein gemächte die hur?

IV  die sexte stunde
für droste-hülshoff

im roten saal beim kerzenlicht
wenn alle pimmel sprühen funken
und gar vom tittenficken trunken
wenn jeder finger mösen bricht
und eicheln in gestrafftem munde
wenn gruppensex in mode kimmt —
+

das ist sie nicht die sexte stunde
die genitalius bestimmt

doch wenn so tag als lust versank
dann wirst du schon ein plätzchen wissen
vielleicht in deines sofas kissen
vielleicht auf deiner gartenbank:
dann wichs aus halb verstandner waise
aus halb erschlafftem pimmel guß
verrinnt's um dich und leise leise
berührt dich genitalius


V  knebel
für lenau

du harter knebel füllest mir
das tal aus einem guß
den venusberg mein lustrevier
mit einem samenschuß

nimm fort nun deine schlaffe pracht
die ehmals blaue glans
nimm fort was mich so traurig macht
den müden matten schwanz

VI  den römischen prunnen
für c. f. meyer

> aufsteift der schwanz und zuckend schießt
> er in der rubinmuschel mund
> die sich ergebend überfließt
> in ihres letzten grundes rund
> der schweif schwillt an er wird zu reich
> vermählt sich wallend ihrer glut
> ein jeder nimmt und gibt zugleich
> und strömt und ruht

VII  ecce porno
für nietzsche

> ja! nun weiß ich daß mein wille
> unersättlich in die nille
> zielt und ich versteife mich
> löcher sind's in die ich passe
> samen die zurück ich lasse
> pimmel bin ich sicherlich.

## Kleines Gedicht                    <u>Günter Kunert</u>

> Nun strafft sich alles wieder,
> was schlaff gewesen ist:
> gewiß das Glied der Glieder
> für eine kurze Frist.

+

O kurze Frist der Liebe,
da man sich selbst vergißt
und nur mit seinem Triebe
die Zeitlichkeit durchmißt.

## Utopischer Eros

Der weise Engel hat uns einst gelehrt:
durch Arbeit wuchsen Menschen selbst aus Affen.
Die Hand hat uns gemacht. Die Hand hat uns ernährt.
Wir schufen sie indem wir mit ihr schaffen.

Doch haben wir noch nebenbei Privatorgane
zum Beispiel: die man bei der Zeugung nötig hat.
Die bringen uns jedoch nicht vorwärts wie ich ahne
denn nie erscheint ihr Bild in einem Massenblatt.

Drum fordert daß man sie gemeinsam nützt
um sie zu Volksorganen zu gestalten
auf deren Nutzung jedermann das Recht besitzt
sein Teil vom allgemeinen Teile zu erhalten.

Moderne erotische Lyrik

# Sprachexperimente — die Avantgarde von Wien bis zum deutschen Beat

weiss der teufel was ich will
brüste hüpfend
brüste still

## Hoffnung                        Ernst Jandl

in die effnung
vier dein glied ein
glicklich zu sein

glick

glick

## Ich möchte nur                  Andreas Okopenko
## die Mutzenbacher kosten

Ich habe beinah alle Welt durchkämmt,
es ging oft zu wie in den Operetten:
Ich schnüffelte in jedes Frauenhemd,
zog meine Schleimspur über alle Betten,

ich schlief mit Riesin und mit Mißgeburt,
mit Kommissarinnen im Fernen Osten
und hab die eigenen Töchter schon verhurt.
Jetzt möcht ich nur die Mutzenbacher kosten.

Ich ging mit einem Känguruh zu Bett
und wachte auf bei einer Hirschkokotte;
dem Siamkätzchen machte ich Minette
(seither heiß ich bei ihr der Polyglotte),

+

ich habe es schon bis zum Floh gebracht
und gab der Elefantin meinen Pfosten.
Jetzt hab ich nur noch einen Wunsch zur Nacht:
Ich möcht einmal die Mutzenbacher kosten.

Die Weltgeschichte sonst ist mir egal:
Kleopatra soll weiter Balsam hüten;
Hoheit und Zofen aus dem Escorial,
die Königinnen mit gefärbten Füten,

die Pompadours, die Girls vom Montparnasse
in Särgen, die bestehen und verrosten,
sie alle spritz ich nicht mehr warm und naß.
Ich möchte meine Mutzenbacher kosten.

Natürlich weiß ich, der Verzicht ist ganz.
Ihr Fleisch ist aus, sogar für Nekrophile.
Kein Trick ermöglicht es dem prallsten Schwanz,
daß er mit weggefressenen Dingern spiele.

Doch kommt einmal ein Wissenschaftler drauf
im Westen oder eher noch im Osten,
bin ich der erste, daß ich mir sie kauf.
Dann werde ich die Mutzenbacher kosten.

## Liebeslied an eine
## gutentwickelte Zwölfjährige

Mädi komm her
ich bin ein Frotteur
ich reib mein Glied
an deinem Kleid
dein Kleid ist so dünn
und dein Orsch ist so breit

ich reib und reib
du bist ja ein Weib
dein Kleid ist so kurz
und du läßt einen Furz
du denkst an Latein
und dein Loch ist so klein

ich reib ihn groß
an deinem Schoß
und wollt es wär weiter drinnen bloß
ich fick und fick
und du bist so schön dick
dein Speck im Genick
und dein Schweinsäugleinblick
du bist mir so teuer
wie gern ich dich scheuer

+

ich möchte dich ficken
an Wange und Rücken
an deinem Bimbam
an Brust und an Damm
an Kinn und Gesäß
und in deinem Gefäß
und mit einem Kabel
zugleich auch im Nabel

es ist heut so heiß
und mein Schwanz dir am Steiß
und dir ist so heiß
und drum riechst du nach Schweiß
ich reib meine Achsel
an deiner Achsel
und kuschle mein Haxel
ganz eng an dein Haxel

ich fick und fick
und fick mich ins Glück
wenn ich dich zerdrück
geb ich keinem ein Stück
ich laß alle dem Prick
meinem reibenden raubenden
alles dir glaubenden
seligkeitsschnaubenden Prick.

## Jüngling fickt dicke Schrebergärtnerin vom Gesäß aus

Die Unterwäsche ſtinkt nach Weib. Ich glühe.
Der herrliche Popo! Jetzt halt dich ruhig
und antwort nicht auf meine Worte, kusch.

Jetzt glaube ich, ich bin in einem Filmſtar.
Wie feſt noch deine Hinternmuskeln sind!
«Ich wollte ohnehin einmal zum Film.» Kusch.

Dein Damm iſt so schön fett und so schön schweißig.
Jetzt glitsch ich gleich den dicken Lippen zu.
Ich bin begeiſtert. «Ich tus auch gern.» Kusch.

Mein Fingerspiel mit deinen Bruſtballonen.
Ich denke an die selige Marilyn.
Du biſt so reif. «Ich werde sechzig.» Kusch.

Und wie mich deine vielen Haare kitzeln.
Du biſt ein Mädchen in der vollen Blüte.
«Ich fühl mich ja auch jung, Geliebter.» Kusch.

Jetzt hab ich deine Clitoris betupft.
Du wogſt jetzt unter mir wie eine junge Frau.
«Mich hat ja auch schon lang mehr keiner ...» Kusch.

Und jetzt, ich kann mich selber kaum mehr halten,
jetzt gehts ins feuchte große Loch hinein.
Daß du so zärtlich sein kannſt ...« Rotzbub, kusch.

Genieß!»

## mein steckenpferd                    Gerhard Rühm

brüste sind mein steckenpferd
brüste rosig
brüste welk
brüste sind mein steckenpferd
brüste grade
und verkehrt

weiss der teufel was ich will
brüste hüpfend
brüste still
weiss der teufel was ich will
brüste sind mir
weg und ziel

brüste oben
brüste unten
brüste seitwärts
leer und voll
brust und brüste
busen busen
warum macht ihr
mich so toll

brüste sind mein steckenpferd
brüste rosig
brüste welk
+

brüste sind mein steckenpferd
brüste grade
und verkehrt

weiss der teufel was ich will
brüste hüpfend
brüste still
weiss der teufel was ich will
brüste sind mir
weg und ziel


## erna

erna erna wenn du trittst
seh ich deine beine
und ich denk voll neid besitzt
du schönere als meine

erna erna bleib und setz dich
so sich runden deine knie
solche knie der neid verletzt mich
sah bei mir ich selbst noch nie

und da seh ich deine brüste
erna was ist mit mir los
heb mein hemd ich mit gelüste
flach die brust und zotteln bloss

+

drum zieh um mein sperma
zu der schöneren erna

## bitte

sie treffen herr gemahl
mich mit ihrem strahl
mitten ins gesicht
ich glaub das tut man nicht

sie denken meine nase
sei eine blumenvase
und mein offner mund
nur aus diesem grund

drum bitte herr gemahl
schiessen sie den strahl
wohin ist mir egal

ins gesicht
bitte nicht

## ach bleib

es weint der boden
seufzt das bett
+

ach bleib bei mir
du bist so nett

es klagt der tisch
und ächzt der stuhl
ach wärme mich
du bist so cool

es klopft die türe
knarrt der stock
die bluse knistert
rauscht der rock

ach bleib bei mir
du bist so nett
es heult die decke
stöhnt das bett


## Das alte Lied

mein glied das glied
es singt ein lied
von kuss genuss
von fluss zum schluss
ich hör nur zu
ohne ruh
weil ich muss
ja muss

+

o glied mein glied
ach sei doch still
wenn ich es will
sei still

doch nein
mein
glied das glied
es singt sein lied
das alte lied
den alten stuss
von kuss genuss
und fluss zum schluss
auch wenn ich es nicht hören will
ich muss
ich muss

## Liedchen                    Rolf Dieter Brinkmann

O
fick mich
fick mich
schnell

und er
fickte sie
+

fickte sie
schnell

hinter
einem Busch?
Es gab keinen
Busch. Schien

der Mond?
Es gab kein
Licht. Die
Birne war

kaputt.


## Wichtig

Der Zeigefinger ist wichtig,
er weist die Richtung

meistens auf eine Stelle,
die behaart ist, eine zahnlose

Öffnung, aus der unter
Umständen wieder etwas Flüssig-

keit herauskommt, versteckt in
einer kleinen weißen Hose, die

sich schnell ausziehen läßt.

## Comic No. 2

Hinter den
Wänden von
Gotham-City

wird schwer
gewichst.
Jeder für sich
und Batman und
Robin für uns alle.
Doch noch ist der
Kampf nicht
entschieden.

Der Joker
tritt auf

mit einer neuen
Lutschtechnik.
Die gibt er
Batman als
dreidimensionales
Rätsel auf.
Und oben über
Gotham-City
erscheint

+

ein riesiges
Ding anstelle
des üblichen
Batsymbols.
Schon will
Batman aufgeben
und sich auch
in die eigenen
vier Wände
zurückziehen
um als Bruce
Wayne vor dem
Fernsehen zu
wichsen, aber

er hat Robin
dabei vergessen

der im letzten
Moment sagt
nein, Batman
laß deine
Bathose an
ich fick
durch den
Batstoff
und du wirst
+

nichts anderes
spüren als
Suppe, die dir

hinten
reinläuft.

Danach braucht
man nicht mehr
zu Abend
zu speisen.
Das Spiel ist
zuletzt doch
noch gewonnen.


## Charlie und Harry                              Jörg Fauser

Trüber Sommernachmittag in Fat City,
sie hockten auf Harrys Bude und kippten Bier,
irgendwo im Hinterhof stieg eine Teenager-Party
und die Beatles leierten einen ihrer total
schwachsinnigen Songs runter,
«Lucy in the sky with diamonds»
oder sonst einen abgedroschenen Heuler.

+

Son abgedroschener Heuler, sagte Charlie,
aber die Miniröcke sind wohl immer noch scharf
                                                              darauf.
Stimmt, sagte Harry, macht einen ganz fickrig.

Sex Sex Sex, sagte Charlie und warf die leere Dose
in den Abfalleimer,
bei dir was los?

Sex, sagte Harry, was ist das?

Shit, sagte Charlie, ich fang wohl an kirre zu werden,
ich bin so heiß daß ich Löcher in die Matratze brenne,
lauf drei Wochen mit 'nem Steifen von hier bis
                                                   Timbuktu rum,
aber wenn ich endlich was zwischen den Fingern hab
wird mir einfach alles fad, fad —
irgendwie rentiert sich der Aufwand nicht,
man könnte genauso 'nen Emmentaler pimpern
wenn du weißt was ich meine —

klar, sagte Harry, Emmentaler
mit rotem Pfeffer oder Nudelwalker von hinten
und 'ne Stefan-George-Erstausgabe ums ritzy zu
                                                   machen,
oder einfach fürn Heiermann 'ne Gastarbeiterin
in der Anlage hinterm Interconti, und Samstag abends
all die kleinen brühwarmen Homos die im ZDF
    +

über die Mattscheibe spritzen, ist schließlich
alles 'n Loch, und alles leer, immer gewesen –

Shit, sagt Charlie, von hier aus kann man direkt
rübersehn,
und sie standen am Fenster und glotzten rüber,
die Beatles heulten auf höchster Lautstärke,
die Teenager kreischten und ließen ihre Beinchen
sehn,

die Schmeißfliegen legten Eier,
sie tranken ihr Bier,
dann ging Charlie zur Spätschicht
und Harry versprühte eine Ladung Flit.


## Geschichte von der riesigen Finnin

Sie war natürlich nicht riesig, aber
ungeheuer massig, schwabbelndes Fett
um Büste, Schenkel, Kinn –
und sehr zarte Knöchel, und wenn du da
deine Zunge kosten ließest,
schmeckte alles nach Rosen, oder
Finnlands Sommernachtssonne.

+

Einen Vormittag, Mittag und Nachmittag
habe ich sie geliebt.
Mit grünem Hut und Netzstrümpfen und dick
geschminktem Gesicht und einem Kichern
wie die Sünde selbst
lag sie in meinem Bett
und ich liebte sie.

Ich nahm ihr das braune Kostüm vom Leib,
den Büstenhalter, pink, und den makellos
lindgrünen Slip vom Po, ich lachte,
ich biß mich fest in ihrer Brust,
sie seufzte und schrie, selig
sind die Liebenden, der Rest der Welt
ein Mißverständnis.

Smaragdgrüne Ohrringe, Zunge aus Perlmutt!
Ich war dem Wahnsinn nie näher, ich fickte
ein Kunstwerk! Männer wie Rubens
wußten Bescheid, das Fleisch
der Frauen ist das Salz
der Erde.

Frauen wie die riesige Finnin
schenken dir einen Sommernachtstag
das Gefühl, als dringe dein Schwanz
in den Mittelpunkt der Erde ein,

+

und nachher liegst du da wie ein Mensch,
der mit Göttern verkehrt hat.

## Fünf Frauen

Einmal hatte ich fünf Freundinnen
zur gleichen Zeit, ich schlief
jede Nacht mit einer anderen,
fünf Frauen füllte ich ab mit Samen,
mit Geschwätz, mit Gelächter und
Traurigkeit,
aber das hielt natürlich nur ein paar Wochen
und dann war es mit allen fünf Frauen
zur gleichen Zeit aus.

Und heute früh lieg ich angestochen und allein
mit einer riesigen Sehnsucht, einem schmerzhaften
Sound
auf meiner Matratze
in diesem Apartmenthaus
randvoll mit schlafenden Bäuchen und Schenkeln und
Busen
und Ärschen und Titten und Mösen,
allein,

+

und gäbe alle Freiheit des Alleinseins
für eine warme zarte sanfte Frau
mit Hasenscharte und grauen Haaren, egal
mit Silikonnarben oder Wahnsinnsschrunden, egal
für eine zarte Rundung, für den Flaum auf ihren
                                                    Lippen,
für das pochende Herz und das sanfte Stöhnen
der Liebe,

aber, denke ich, ein falsches Wort
zu solch einer Frau, und wie leicht ist ein falsches Wort
und dann das verschüttete Bier und der sinnlos
                                    abgespritzte
Schleim und der Knall der Tür und die Schritte im
                                            Korridor,
oder ein falsches Wort
zu dem Polizisten, der am Abend deinen Ausweis
kontrollierte an der Ecke Türken / Adalbertstraße
und dann die Säuferzelle, der Bunker, das Loch
in dem das Gesetz dich pimpert,

sei zufrieden, Mann,
auch ohne fünf Frauen
hast du allen Grund,
zufrieden zu sein,
          +

jetzt,
wenn du einschläfst, keiner
hinter dir her, du
hinter niemandem her,
allein.

Moderne erotische Lyrik

# Nach der sexuellen Revolution — alles geht und nichts muss. Aber mit Humor!

Noch einmal packt sie diese
Gier
Nach einem kalten Kavalier

## Der schüchterne Kasper                    Peter Hacks

Wenn ich lache, lachst du wieder,
Wenn ich nahe, nahst du dich,
Gerne sitzt du bei mir nieder,
Gretel, das ermutigt mich.

Wenn ich deinen Arm berühre,
Sagst du sanft und mütterlich:
Ich verschließ nur rasch die Türe.
Gretel, das ermutigt mich.

Wenn ich noch das Leibchen freileg,
Machst du schon die Beine breit.
Ob ichs wag und mich dir beileg?
Herrlich ist Verwegenheit!

## Die Mädchen aus Rochelle

Fünfzig Mädchen aus Rochelle
Machten einst ein Schlachtschiff klar.
Hatten Schenkel, weiß und schnelle,
Unterm Hemd noch kaum ein Haar.
Ah, la feuille, s'en vole, s'en vole,
Ah, la feuille, s'en vole au vent.
Als am Quai die Wogen verebbten,
Stach in See die muntre Schar.

+

Eine wählten sie zum Käptn,
Eine, die schon fünfzehn war.

Wir, so haben sie gesprochen,
Sind zufrieden ohne Mann.
Doch bereits nach sieben Wochen
Fing ihr Arsch zu kochen an.
Ah, la feuille, s'en vole, s'en vole,
Ah, la feuille, s'en vole au vent.
Endlich kam die Straße gefahren
Eine Karavelle dann
Voll der reizendsten Korsaren,
Die ein Mensch sich denken kann.

Auf dem Schlachtschiff aus Rochelle
Ward zum Entern gleich geflaggt.
Jede hat sich auf der Stelle
Einen süßen Feind gepackt.
Ah, la feuille, s'en vole, s'en vole,
Ah, la feuille, s'en vole au vent.
Bei des Vollmonds silbernem Scheinen
Lagen sie, so jung und nackt,
Und mit weitgespreizten Beinen
Fühlten sie den Rudertakt.

Diese Nacht ward nicht gesegelt,
Diese Nacht ward nicht gefischt,

+

Diese Nacht ward nur gevögelt,
Manns und Weibes Fleisch vermischt.
Ah, la feuille, s'en vole, s'en vole,
Ah, la feuille, s'en vole au vent.
Morgens dann setzt die Karavelle
Ihren Weg fort durch den Gischt,
Und die Mädchen aus Rochelle
Sangen, wunderbar erfrischt:

Kam die Unschuld mir abhanden,
Mitten auf dem Weltenmeer,
Dreh dich, Wind, und laß mich landen,
Ob der Freund mir wiederkehr.

## Auf einen bronzenen Gartengott von Salow

Priapos steht ohne Hosen
Zwischen Buchs und Hochstammrosen.
Seine Beine eine Stele,
Daß das Ornament nicht fehle.
Aber dann aus feisten Hoden
Überragt den Gartenboden
Unermüdlich seine Rute.
Damit segnet uns der Gute.

+

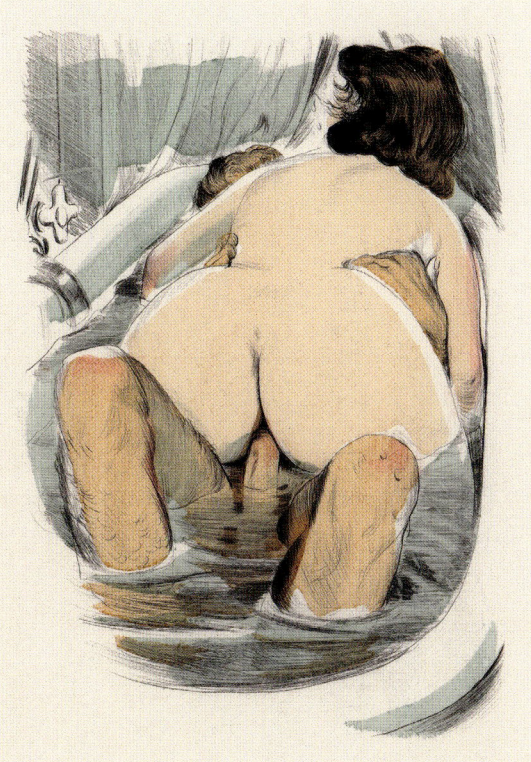

Unserm Gärtner, dem obläge,
Der Figur zum Zweck der Pflege
Ihre Wölbungen und Höhlen
Mit dem Lappen einzuölen,
Wirds, wenn er zur Mitte reinlich
Sorgend vordringt, immer peinlich.
In ihm schwillts zum Haß, zum fixen,
Einem Mann den Schwanz zu wichsen.

Und er hat sein Weib gebeten,
Ihn beim Wichsen zu vertreten.
Die, unangefochten fröhlich,
Reibt dem Gott die Eichel ölig.
Abends liegt sie noch wie schwebend,
Das Begebnis nacherlebend,
Leise zieht durch ihr Gemüt
Die Kontur von seinem Glied.

## Pensionärinnen                        **Ludwig Harig**

Mit fünfzehn, sechzehn sich einander nah
tagein, tagaus im gleichen Schlafgemach,
blauäugig, erdbeerrot, zerbrechlich, schwach,
bis eines schwülen Tages dies geschah:

+

Zum leichtern Spiele hoben beide sich
aus ihrem Hemd, die Kleine dehnte breit
die Arme, spreizte ihre Beine weit,
dieweil die andre ihre Brüste strich

und einen Kniefall tat von solcher Wucht,
daß ihre Lippe wie durch eine Schlucht
hinabglitt und in graues Dunkel kroch.

Indessen tanzte mit den Fingerspitzen
das Kind im Walzertakt auf ihren Zitzen
und lächelte in aller Unschuld noch.

## Die Pflege der Geselligkeit                    Ror Wolf

meine herrn, um einmal auszuschweifen,
will ich die gelegenheit ergreifen,

und ich pfeife hier im speisesaal
einmal ordentlich auf die moral,

sagt die witwe zu dem netten fetten
attaché, im rauch der zigaretten.

meine damen, sagt sie, meine herrn:
heute abend kommen wir zum kern.

weil: nach einem üppigen verzehr,
da empfiehlt sich der geschlechtsverkehr,

+

sorgenlos beim sitzen auf den ſtühlen
werden wir uns ins vergnügen wühlen,

oder gar auf den gedeckten tischen,
und zwar ohne sie erſt abzuwischen.

freundlich legt sie sich auf ihren bauch,
wie gesagt: im zigarettenrauch.

alle herren, die gerade saßen,
springen jubelnd auf und sie erfassen

ihre gläser: dreimal hoch, madam,
das iſt ein vorzügliches programm.

der tenor ruft: bitte sehr, gnä frau,
zeigen sie uns ihren körperbau.

etwas knackt. man hört die witwe lachen.
noch iſt nichts genaues auszumachen.

knipsend öffnet sie die puderdose,
und vom tisch tropft etwas bratensoße,

und es tropft: auch etwas vom ragout
weich hinunter über ihr dessous,

denn den glockenrock hat sie nach oben
bis zu ihrem hals hinaufgehoben.

+

dann hört man den knick von einem knie.
meine herren, worauf warten sie?

plötzlich sieht man alle herren hüpfen
und beim hüpfen aus den hosen schlüpfen.

oben unten mitte links und rechts
sieht man viele teile des geschlechts.

ach die herren aus den höchsten kreisen
wollen ihre leidenschaft beweisen

und sie gießen eine flasche henkell
trocken über ihre schönen schenkel.

liebe zeit, sie machen mich ja nass,
sagt die witwe, warum tun sie das?

rasch sind ihre worte fortgeschwommen
mittlerweile hat sie platz genommen.

hoch auf dem direktor, mit den lenden,
sitzt sie und umfaßt ihn mit den händen,

und sie hebt noch eine kleiderschicht.
meine dame, nein, es geht jetzt nicht.

sagt der lord, der den direktor stützt,
denn was nützt es, wenn es gar nichts nützt.

auch der graf ist über alle maßen
ausgelöffelt oder ausgeblasen.

+

rechts hat sich der dunkle gast ergossen.
links ist der minister fortgeflossen.

der bankier, am ende seiner kraft,
wird von unbekannten fortgeschafft.

schlaff am boden liegt ein aufgeknöpfter
neger nackt, ein ganz und gar erschöpfter.

nur professor doktor winternitz
ruft: madam, gleich bin ich auf dem piz!

herrschaft! ruft er, himmel! meine güte!
gott behüte, sagt sie, ich ermüde.

ist das wirklich alles schon gewesen?
fragt die witwe gähnend den chinesen,

denn mit stäbchen und mit liebesmücken
kann man mich auf keinen fall entzücken.

alles ist verschwommen und verschmiert.
aber sonst ist nicht sehr viel passiert.

———————

unterdessen hat mit den komtessen
waldmann schokoladenmus gegessen,

und er hat nur einmal hingeschaut:
meine herren, bitte nicht so laut.

+

jetzt erhebt er sich von seinem platz,
klopft ans glas und sagt nur einen satz:

waldmann, dieser liebling aller damen,
waldmann sagt: nun gut, in gottes namen.

plötzlich platzt etwas und jeder sieht:
waldmann steht, die schwarze witwe kniet.

mitten in die witwe, tief gebückt,
hat hans waldmann sich hineingedrückt.

und sie zuckt und schäumt und rauscht und haucht
faucht und schwimmt in ihre lust getaucht

keuchend feucht in ihrem trieb und drang
aufgestülpt in ihrem überschwang.

aus den dunklen winkeln aus dem mund
kommt ein schrei so wild und wund so rund.

weiter! schreit sie und dann schreit sie: jetzt!
danach hat sich waldmann hingesetzt.

waldmann schweigt, so wechseln hier die szenen.
seufzend sieht man sich die witwe dehnen.

waldmann ist dann unter sie geglitten
und sie ist auf ihm davon geritten.

+

auch, sie ritten über sieben tage.
dann war waldmann wieder herr der lage.

meine herrn, die sache ist vorbei.
waldmann schlürft sein vierminutenei.


## Charlottens Brief                    Eckhard Henscheid

Werter Werther,
Denkst Du noch des Camembert, der
Unsre Liebe sanktionierte,
Während ich Dich deflorierte –
Wart einmal: beziehungsweise
Du mich. Ach, du Scheiße,
Beinahe hätt ich's vergessen
(so geht's halt den Topmätressen)
Dir zu sagen, wie ich Dich
Liebe ganz herztausiglich!
Du, mein kleiner Gardeoberst,
Du mein Scheißer! Warte, ob erst
Albert aus dem Hause fort –
Nein, er hockt auf dem Abort –
Trotzdem wag ich diesen Brief!
Ja, der Camembert hat tief
Mir damals das Herz durchbohrt.
Glaub's mir, Werther, jedes Wort
+

Dieses Klopstock, den wir lasen,
Und du tät'st so artig blasen,
Ging mir an die Eier mein —
Stop! Die Eier sind ja Dein
Ein und Alles — Hen kai pan,
Wie Du's ausdrückst, werter Mann.
Kurz, wie man's auch dreht und wendet —
Albert scheint am Klo verendet —
Ich bin Din und Du bist min!
Ach, ich möcht' nach Westberlin!
Sightseeing mit Dir, das wär's,
Unter des Berliner Bärs
Tatzenpratzen Dich zu knutschen,
Schnell in' Grunewald zu rutschen —
Ach, wie wird mir Wetzlar öde,
«Lar» fürwahr — und dann die blöde
Hühnerfickerei des Pfarrers
Hiebel Jochen, dieses Schmarrers,
Der mich ständig hacken will,
Und ich halt auch schon brav still,
Bis Du wiederkömmst, mein Sauschwanz,
Bleib ich ewig treu und Dein ganz;
Spitz wie Wetzlarer Karotte
Wartet Dein — mmmh Bussi!

                                    Lotte.

## Die Entdeckung Robert Gernhardt

Wir haben heut die Frau entdeckt
und zwar als Sexualobjekt,
das war in Wanne-Eickel.

Wir faßten sie sofort ans Knie,
das, wie wir meinten, danach schrie,
dann freilich wurd' es heikel.

Denn plötzlich sprach die Frau: «Ich bin
ein Mensch wie ihr, mit Herz und Sinn,
mit Seele und Gefühlen.

Bin nicht nur Knie, bin nicht nur Brust,
bin nicht nur da, der Männer Lust
zu lindern und zu kühlen!»

Mein Gott – sie hatte ja so recht!
Was war'n wir lüstern, war'n wir schlecht!
Wir gingen schwer betroffen.

Wir schlichen stumm die Straße lang,
bis wir in einem Bierausschank
uns hemmungslos besoffen.

Im Anschluß daran ging es schnell
ins nächstgelegene Bordell.
Und da war Polen offen ...

## Ermunterung

Hallo, süße Kleine,
komm mit mir ins Reine!

Hier im Reinen ist es schön,
viel schöner, als im Schmutz zu stehn.

Hier gibt es lauter reine Sachen,
die können wir jetzt schmutzig machen.

Schmutz kann man nicht beschmutzen,
laß uns die Reinheit nutzen,

Sie derart zu verdrecken,
das Bettchen und die Decken,

die Laken und die Kissen,
daß alle Leute wissen:

Wir haben alles vollgesaut
und sind jetzt Bräutigam und Braut.

**Uli Becker**

**Mag sein, des Mannes Nase läßt tief blicken,**
dann gäbe einem wohl ihr Lippenstift eine Ahnung
von ihrer Blinddarmnarbe wenn das Wetter umschlägt
+

unter schwarzer Wäsche, aus ihrer Wimperntusche
hochzurechnen: Prächtig, nur weiß der Aficionado,
die Farbe der Capa ist sekundär, die Bewegung,
der Rapport zwischen Toro und Torero macht's.


**Kleine Mädchen besoffen machen, das ham**
                                    **wir gerne,**
die Frontschweine, dämmert ihr, kriegten doch auch
doppelte Schnapsration, wenn es im Morgengrauen
zur Sache ging, jetzt kommt gleich Trinkste aus,
ich bring dich heim, und später Oder willste noch
auf'n Sprung mit zu mir hochschaun?, ja von wegen,
kaum oben, zieht der sein Briefmarkenalbum blank!


**Wenn man ihn, bevor's zu spät ist, rauszieht,**
kriegt man keine Kinder, heißt es, allerdings
werden mir das schon die richtigen Kinder sein,
die man dann nicht kriegt, quengelige Bettnässer,
heillos traumatisiert von dem Hängen und Würgen,
mit dem die gezeugt worden sind oder eben auch
nicht oder bestenfalls ein ganz klein bißchen.

## Löblicher Vorsatz                                        **Detlev Meyer**

Ab heute dicht' ich
nur noch aus den Lenden
und schreib die Verse auf
mit meinem Glied.

Ich leg den Federhalter
aus den Händen
und mach zum Werkzeug,
was man durch die Hose sieht.

Ich werd nur noch von Schwänzen
singen und von Ärschen —
in Jamben, Blankvers
und Sonetten-Kränzen.

Und wenn dereinst wir
mit dem Tode ringen,
dann spiel ich auf
zu geilsten Trauermärschen.

## Der Mann der Grachten (für Hajo)

Stehen Männer an den Grachten,
die auf Grachten-Männer achten,
die die Nacht im Bett verbrachten,
daß die Betten nur so krachten.

+

Stehen Männer an den Grachten,
die nach Grachten-Männern trachten,
die die Einsamkeit verachten,
ihre Betten gern verpachten.

Stehen Männer an den Grachten,
die nach Grachten-Männern schmachten,
nach den wilden, nach den sachten,
die im Bette alles machten,

die im Bette alles tun,
wenn die Grachten-Wasser ruhen.
Die bedenken und bedachten
liebevoll den Mann der Grachten.

## Lied von der Großzügigkeit
## und dem guten Geschmack

Was soll der Geiz?
Ich will dich ganz!
Ich meine damit deinen Schwanz
und deine schöne Seele.

Will alle Lust,
will jeden Reiz,
will, daß an nichts es fehle.

+

Sei Connaisseur,
zeig dich als Kenner!
Vertreib die halb-
herzigen Männer,
die – mir bekannt,
dir unbewußt –
sich durch deine
Träume hangeln.

Gib du dich ganz
in meine Hand!
An meiner Seele,
meinem Schwanz,
soll's dir gewiß nicht mangeln.

### Der Taxifahrer

Die Nutten fährt er gern umsonst nach Haus,
wenn sie sich nur zu ihm nach vorne setzen.
Dann holt bei Rot er ihre weißen Brüste raus
und läßt die Länge seines Gliedes schätzen.

Er kennt da eine draußen in Steinstücken,
die liebt es auf der Avus nachts zu rasen.
Dann gibt er Gas und sie – sie muß sich bücken
und ihm bei Hundertdreißig einen blasen.

+

Verlegen wird er nur bei alten Damen,
die ihm beim Lenken auf die Hände gucken.
Nennt er den Fahrpreis, muß er mehrmals schlucken
und traut sich kaum nach Wechselgeld zu kramen.

## Frohe Botschaft

Im Freudenhaus des lieben Gotts,
da gibt es viele Stuben,
ist Raum für Schwanz,
ist Platz für Votz',
für Lust mit Maid und Buben.

Das Haus betritt der Christ
erregt, und da die Zimmer
schon belegt, sucht er
sein Heil auf Fluren.
Kniet mal vor der,

beugt sich vor dem –
vor Strichern und vor Huren.
Bi ist die Sexualität,
dreifaltig ist die Güte.
Bet', daß das Haus noch lange steht,

und daß es Gott behüte!

## Reifeprüfung                                  Inge Hertel

Mich laß ich fallen in Bogen und Bausch
ehe die Hirsche mich forkeln:
so unterwegs voller Rogen und Rausch
belieben selbst Götter zu torkeln.

Des Nachts sind alle Gräber feucht
und deine Träume nicht minder —
was ist es, das dich zu mir scheucht
von mal zu mal geschwinder?

Rülps mir Moral doch nebst Kummer und Harm
gezielter zwischen die Brüste —
ein elendes bißchen Gewissens-Gendarm
kennt nichts, was ich nicht wüßte.

Mein Junge, die Seele rettest du nicht
im bürgerlichen Getümmel:
sei lieb und tu deine Mannespflicht
unter verschorftem Himmel.


## Jungfernflug                          Barbara Maria Kloos

Noch einmal packt sie diese Gier
Nach einem kalten Kavalier

+

Nach einem krummen Einzelgänger
Pferdefuß und Rattenfänger
Nach einem naßrasierten Schädel
Asketenleib mit kurzem Säbel
Nach einem scheuen Musterknaben
Neunmalklug in sich vergraben
Nach einem süßen Melodram
Einem Jüngling, der nicht zahm
Das Salz von Ihren Füßen lutscht
Der nicht dienert, der nicht flutscht
Der nicht schwänzelnd sie umkreist
Sie nicht einseift, sondern beißt
Der nach tausend tiefen Blicken
Sich empfiehlt mit einem Nicken

Ach, sie ist ganz krank vor Gier
Nach einem kalten Kavalier

## Mens sana

Hut ab: Der Knabe gibt sich ungeniert.
Rasiert, poliert, die Hose reichlich
kleinkariert. Und wie er unterm Tisch
hantiert, mit Blick auf blonde Hintern.

+

Man sieht: Der Typ ist nicht kastriert.
Er weiß, wie man sein Fleisch massiert.
Geschickt läßt er den Bürzel blühn,
bis aus den Karos Funken sprühn...


## Balzgesang

Ach, schöne Maid
leg ab dein Kleid
will deine schneeweißen Schultern umschlingen
bring deine Hüften gar artig zum Schwingen
streich dir das Fell mit Galle ein
polier dir den Hintern zart und fein!

Ach, schöne Maid
leg ab dein Kleid
will deine feurigen Schenkel bezwingen
dich mit lechzender Zunge verschlingen
ich mach dir Dampf, bis du verrauchst
ich weiß schon, Schlampe, was du brauchst!


## Münchner Honeymoon

Himmel, hat der Halbmond
einen Ständer! Die Sterne
+

reiben sich in Scharen
an seinem gelben Schwanz.

Ich glaub, heut hat der
Sommer Schnaps gesoffen.
Die heiße Nacht nimmt mich
von hinten: voll und ganz!

## Süße Kleine...       Hans Magnus Enzensberger

O früh gevögelte Unschuld,

stolze Besitzerin von zwei rosigen Zitzen,
zwei wohlgestalteten Beinchen
und der gern besuchten Vertiefung dazwischen –
erfreulich, sicher,
aber wenn das alles ist,
was dir zuteil wurde, meine Liebe,
sehe ich schwarz für dich.

Die abgebrochene Lehre,
der Freund mit dem schweren Motorrad
und dem leichten Dachschaden,
im Sozialamt der braune Korridor
und die allzugrünen Tabletten
nach der zweiten Abtreibung:

+

Schade, jammerschade.
Im Dreißigjährigen Krieg
hätteſt du dich vielleicht durchgeschlagen,
auf dem Zwischendeck,
in der Steinzeit.
Aber der zivilisierteſten aller Welten
biſt du nicht gewachsen,
kleine süße Etcetera.


### Ich bin, was du vergessen hast

Ich bin die Hure an der Bar,
die ich vor hundert Jahren war.

Ich bin, was du vergessen haſt.
Der ausgeſtorbene Palaſt,

der Mund bin ich, der dich verzehrt.
Ich bin die Nacht, die wiederkehrt.

Ich war, ich werde sein, ich bin
die maulbeerfarbne Negerin,

das Meer, das dir zu Füßen schäumt.
Ich bin der Hund, der von dir träumt.

Das Haschisch bin ich, das du rauchſt.
Ich bin der Strom, den du verbrauchſt.

+

Ich bin der Tropf, an dem du hängst,
der Haufen Geld, an den du denkst.

Ich bin das Auge, das dich sieht,
die Zarin, die vor dir hin kniet,

und die dich in die Wüste schickt.
Ich bin der Stricher, der dich fickt.

Ich bin dein Engels und dein Marx.
Ich bin der Deckel deines Sargs,

das Fleisch, das du zu Abend ißt.
Ich bin dein Abgott und dein Mist.

Ich bin, ich werde sein, ich war
die Fledermaus in deinem Haar.


## in cunt we trust                                    Bert Papenfuß

glocken dröhnen, titten
   klingeln, flügel pfeifen
      klopper, voll breit, ich will's
         in cunt we trust, cook my sock

von unten auf, von hinten
   hoch, da komm ich her & hin
      von schräg, was will ich mehr
         in cunt we trust, cook my sock

+

o swine oft mist, rave on
   sprach wallenstein & schob
      den schiller gleich mit rein
         in cunt we trust, cook my sock

stielkamm, der alte sattelschnüffler
   in aller ruhe mit der seele bei der sache
      rein in' arsch & raus aus'm mund
         in cunt we trust, cook my sock

hupfdohlen, soweit das aug'
   gebrochnen blicks noch langt
      bei kater besehn, ist sex ein arschloch
         in cunt we trust, cook my sock

wiener' den riemen
   spuck auf die schnalle
      wer zuletzt fickt, fickt am besten
         in fucking cunt we trust, cook my
                       motherfucking sock

in teufels küche; *ich diene*
*der deutschen demokratischen republik*

## geilheit ist nicht grund genug

für einen fick,
    woher nehmt ihr eigentlich das recht
   wildfremde menschen mit einer sexualität
  zu belästigen, die nun wahrlich nicht
 auf eurem eigenen mist gewachsen ist
   genau so gut
wie geilheit grund genug sein könnte
 für einen fick,
    & woher nimmst ganz besonders du das recht
   mich mit einer weiblichkeit, ausgebrütet
  in hollywood & babelsberg, & garniert mit einem
  gehörigen schuß new age, übermannen zu wollen
   genau so gut
wie kunst geilheit genug sein könnte
 für einen fick,
  & woher ...
   genau so gut
wie ein fick kunst genug sein könnte
 für einen fick,
  & wohin ...
   genau so gut
wie ein fick genug sein könnte
 für einen fick
  & wenn auch nur vorübergehend

Moderne erotische Lyrik

# Der Blick nach vorn, ganz aufgeklärt — bis 2010

Ach, ich bin enttäuscht Du
Schwein!
Schieb ihn lieber mir hinein!

Ilma Rakusa

**Mein heller Schwan**
mein räudiges Kind
mein tauber Engel
mein guter Schwengel
mein flüchtiges Stroh
mein Mach-mich-froh
mein Midnight-special
mein Domino
come on

**Petrarca, am Schreibtisch,**    Rainer Kirsch
**sonettiert seiner Gespielin**

Daß du mir immer hübsch die Beine breitmachſt,
Wenn ich die Zunge spitze. Auch wenn sein kann,
Daß ich ins Wirklichſte noch nicht hinein kann,
Hilft doch dem Geiſt, wie frech du dich bereitmachſt —

Denn Geiſt regiert das Fleisch. Wofern du etwa
Verflunscht und spitzen Knies im Kissen hockteſt,
Wäre, mit was für Blößen du auch lockteſt,
Wie unvorhanden, was ich auf dem Bett sah:

Daß Eine scharf sei, der scharf dichtet schätzt es,
Daß sie sich welternſt zeigt, ſtärkt sein Sonett;
Doch erſt ihr reiner Leichtsinn macht, es geht

+

Was vag im Geist war, fest aufs Blatt zu schreiben;
Ein Wörtchen noch, als wäre es mein letztes,
Und heilig wird, was wir im Fleische treiben.

## Eifersucht (für C.M.)                    Carsten M. Mann

*Den* Leichtmatrosen willst du kosen –
und ihm dann die Unterhosen
runterziehen bis zum Boden?
Oder wenigstens zum Hoden?

Und dem Leichtmatrosen-Bengel
seinen ölverschmierten Schwengel
küssen, lecken, saugen, reiben
und 's dann treiben?

Vögeln, bis der Saft ihm spritzt,
wenn du länger auf ihm sitzt?
Ach, ich bin enttäuscht Du Schwein!
Schieb ihn lieber mir hinein!

## Poesie (Bi)

I    Den Schwanz und die Scheide –
manch eine/r hätt gern beide(s).
Das (s) stört hier zwar das Gedicht,
Hermaphroditen stört es nicht.

+

II      Hermaphrodit wär auch nicht böse
könnt' er sich in die eigne Möse
stecken seinen eignen Schwanz
oder wenigstens die Glans.

III      Übel ist er dran
weil er's nicht kann.

## Wenn                                 <u>Paul Wühr</u>

man sich aber mit einer Tochter
zum Ficken trifft in

einem bekannten Lokal um
anschließend zum Essen

gehen zu können erniedrigt sich
die weder mit einem

Menü noch à la carte sie
steht auch Kopf wenn

er sie von oben aufmachen
will

## Das

ist an diesen bebenden Brüsten
die von seinen Händen in immer
neue Positionen zu bringen sind
eine Aufgabe wie

mit Wasser ihre Schenkel derart
in Wellen gebracht nur von seinen
wilden Augen ins Gesicht und
wenn dann

alles ins Wasser fällt schlägt
er ihre Beine vor seinem Glied
auf wahrlich seine Hände
wenn er sie

unter ihre Schenkel hält
fassen den Fall nicht als ihr
Fleisch überläuft stürzt er
ihm nach

## Wenn

die Suzy aufmacht schiebt
Steven den Seinen in ihren
Mund seine

+

Rechte beansprucht in
seiner vollen Breite
ihren Schritt

als er von Schenkel zu
Schenkel über ihm seine
Finger diese

Lippe und jenes Loch
sanft berühren läßt
ist er im vollen

Besitz seiner Suzy er
nimmt sich vor seine
Getränke

von Suzy vortrinken
zu lassen


## Davon

abgesehen daß sowieso jeder
bessere Priester je

weiter oben er segnet schon
immer mehr Frauen

hatte als Simon der lebte
mit Anna und

+

Josef hatte gar keine die
seine spannte ihm

Gott aus


## Flötenkonzert in Sanssouci    Klaus Modick
## (Adolph von Menzel)

Der Alte Fritz, in seiner Jugend,
für jeden Spaß zu haben war.
Humor, fand er, sei auch 'ne Tugend,
sein Hofstaat fand das sonderbar.

Dreckige Witze, derbe Zoten,
fand Fritz besonders amüsant,
die hat er später erst verboten,
als Alter war Fritz nicht galant.

Als Junger ließ er seine Flöte
von einer Virtuosin blasen.
Den Damen stieg zu Kopf die Röte,
die Herren rümpften ihre Nasen.

«Madame», sprach Fritz jedoch, der Junge,
«Sie führen eine scharfe Zunge.»

## Auf dem Segler
## (Caspar David Friedrich)

Steil steht der Mast, weich bauschen sich die Segel,
und ganz weit vorn ist auch schon Land in Sicht.
«Die Finger weg», sagt sie, «Sie alter Flegel!
Was soll das? Unterstehen Sie sich nicht!»

Der Bugspriet ragt, es ächzt die Tagelage.
«Das soll», sagt er, «ein Heiratsantrag sein»,
und fummelt geil an ihrer Trikotage.
«Mein Herr», jauchzt sie, «was sind Sie für ein Schwein!»

Der Eichenrumpf erbebt in steifer Brise.
«Na gut», sagt sie, «doch nur, weil Sie es sind.»
Dann reitet den Herrn Graf die Frau Marquise.
«Paß aber auf», stöhnt sie, «ich will kein Kind.»

Und weil's so schön ist, wie sie da so sitzt,
wogt hoch die See und strömt und schäumt und spritzt.


## Hochzeitsreise
## (Moritz von Schwind)

Die Hochzeitsnacht mit Herrn Professor Schneider,
hat Fräulein Mechtild fürchterlich frustriert.
Geld hat er ja, klug ist er auch, doch leider
hat sich ansonsten nichts bei ihm gerührt.

+

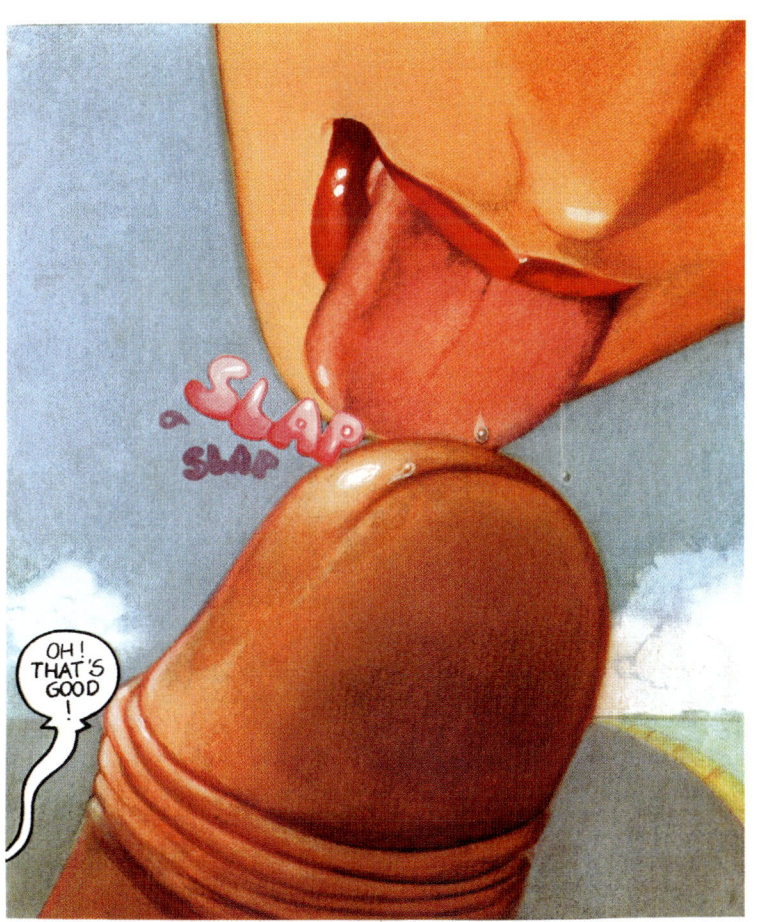

Das kann es nicht gewesen sein, mein Lieber,
denkt Mechtild, diese schöne, stolze Seele.
Der Kutscher scheint von härterem Kaliber:
Den greif ich mir, auf daß mir an nichts fehle.

Der hat schon manche Stute zugeritten
und scheint mir doch ein sehr charmanter Lümmel.
Der Kutscher läßt sich ungern zweimal bitten,
legt ab, steigt auf und wirft sich ins Getümmel.

So wird's doch noch ein schöner Hochzeitstag.
Professor Schneider denkt: Mich trifft der Schlag


## Ground Swell
## (Edward Hopper)

> Bei allerschönstem Segelwetter,
> Windstärke Drei und Himmel blau,
> gehn Rick und Robert und sein Vetter
> Johnny an Bord – dabei die Frau,
>
> die Johnny aufgegabelt hatte
> beim Bootsverleih am Hot Dog-Stand.
> Jetzt hat der Johnny eine Latte,
> was er ein bißchen peinlich fand.
>
> Von hinten bläst 'ne steife Brise,
> 'ne Brandungswelle hebt die Yacht,

+

vor Schreck hat da Marie-Luise
die Schenkel plötzlich breit gemacht.

Sie wär glatt über Bord gegangen,
hätt Johnny sie nicht abgefangen.

## Pastors Rechnung                    <u>Thomas Gsella</u>

Tausend Samen pro Sekunde
fabrizieren meine Hoden;
hochgerechnet auf die Stunde
über dreieinhalb Millioden

und pro Tag rund vierundachtzig
Mio, kurz: in einem Jahr
neunzehn Milliarden. Macht sich
wahrhaft göttlich, doch bleibt wahr:

Dumm, wer solche Hybris priese!
Denn wie teuflisch diese Gabe!
Während ich nach Adam Riese
himmlisch dicke Eier habe!

## Unterirdisch

Mit meim Geschlecht (ich sag's nicht gern,
Beweis ist diese Klammer)
+

zu prahlen liegt mir mehr als fern;
doch sah ich niemals einen Herrn
mit einem solchen Hammer!


### Endlich: Schüttelreime

Da dem Herrn sein Stehgewand
(Hose) nicht im Wege ſtand,
weil sein Pimmel — wer regiert da? —
wieder einmal regrediert war,
trank er, ach der Arme, DAB,
ließ von seiner Da(r)me AB,
ging «Bei Willy» einen saufen
und ließ freilich seinen «aufen»
Hosenlatz weit offen hängen —
und die Weiber hoffen! Ängen
zue Hosen doch tie Klöten
derart ab, daß die, qui «töten»
könnten — jedenfalls: Die Sau
kam herein und las Sidau-
oder jedenfalls «Sidharta»,
and the fucking Arsch, he sah tar
plötzlich eine ſteile Alte,
sprach in aller Aile: «Stalte
mir'n Besuch ab. Will dich nageln
+

und will gerne lang nich dageln
oder fackeln oder zögern.»
Und man ging zum Zoo der «Ögern»,
einer raren Geierrasse,
bumste in der Reihergasse
und so ach du Scheiße weiter,
rief die andern: «Ey, wo seiter?»,
schwamm in einem Boot ins Ted-
dy-W.-Adorno-Museum,
fiel dann später toot ins Bed
oder was, ist doch eh wurscht,
Euer Thomas «O» Sumeum

## Von der Maßlosigkeit

Sie liebten sich im Abendrot
und fünfzehn Mal im Schwarz der Nacht.
Sie haben es, ich schwör's bei Gott,
auch zwanzig Mal am Tag gemacht:

Auf Brücken und im Busbahnhof,
im Kino, Aufzug, Strandcafé —
die beiden mauselten wie doof,
und apropos: Wie ich das seh',

+

genügen, och, ich sage mal:
pro Monat sechs, na, höchstens acht.
Ab neun pro Monat wird es schal;

das hab ich mir nicht ausgedacht,
das ist ein Indianerspruch!
(«So acht pro Monat sind genuch.»)

## Großer Tag für kleines Mädchen

Hurra jetzt
weiß ich wo
die Klito-
ris
.
is

## Ein Wunder                     Günter Grass

Soeben noch schlaff und abgenutzt
nach soviel Jahren Gebrauch,
steht er
   − was Wunder!
      er steht −,
will von dir, mir und dir bestaunt sein,
verlästert und nützlich zugleich.

## Vertrauen

> Nein, du beißt ihn nicht ab,
> den kahlköpfigen Hinweis
> auf kurzes Glück.
> So bleiben uns beide Eier
> heil und auf Vorrat.


## Ein Lampenschirm, das Licht                    Björn Kuhligk

das den Raum zerteilt
und dein letzter Rücken
den ich in den Käfig
meiner Finger nahm
und die Sommersprossen
ich dachte Himmelskörper
als ich zwischen deinen Brüsten
kam / ich kam nie an / ich bin
hier nie gewesen / als du leise gingst
hast du das Schweigen, das dich
überhört, zurückgelassen und unsere Haut
die ich in die Träume verwebe

## Sie zieht ein Bein nach

Sie hat den, den sie liebt
in ihrer Wohnung liegt er
unter der Nachmieterin

sie ist angelernte Psychologin
was auch nicht hilft, sie
malt sich einen roten Mund

ihre Mutter ist abermals schwanger
sie lernt es niemals, den Ofen
heizt sie mit Abschiedsbriefen an

ihr Stammbäcker hat die Brötchen
gewechselt, sonntags geht sie eine Route
am Kanal, da kennt sie jeden Busch

morgens in der U-Bahn sehen
ihre Haare aus wie Schlechtgeträumtes
sie vögelt am liebsten im Sitzen


## Mademoiselle, das
mit der Kraft-Wärme-Kopplung
das müssen Sie nicht verstehn
wir vögeln im Drei-Viertel-Takt
das hält uns Falten fern und
schmiert mit Blut die Gänge

+

Mademoiselle, das
mit der Raumkontrolle, das
haben Sie falsch verstanden
ich komm ja auch nicht aus
der Fremdwortecke, aber
diese Abbrüche, schlimm so was

ach, Mademoiselle, Sie müssen
immer in Bewegung bleiben
und all die Termine, das krabbelt
ja schon fast im Kalendarium
ach Mademoiselle, bleiben Sie
weg mit den Sprengmeistern


## Gut gekommen                    Helmut Krausser

gut gekommen, liegt das mädchen,
schnaufend, ungeordnet da.
ich, dessen zunge das schuf,
sehe stolz ihrer unordnung zu.


**wir mieteten ein zimmer,**
verschanzten uns für immer,
teilten koks und klopapier.
du hättest es ganz gut bei mir.

+

ich würde ausgesprochen
sanft sein und gut kochen,
würde dich nicht nur verehren,
auch auf höchstniveau ernähren,

würde mit obszönen
versen dich verwöhnen,
würde laute dir entlecken,

die die halbe stadt aufwecken.
gottverfluchte konjunktive.
wie gern ich mit dir schliefe.


**Du Schicksal riechst so geil, dein Mund**
ist grell bemalt, du zeigst mir Haut,
als wär es Fleisch für einen Hund,
der sonst nur alte Knochen kaut.

Versaute Schickse, mach dich frei,
Laß dich lecken. Knie dich hin.
Ich habe Wodka, Kokain
und noch was Härteres dabei.

Wedding                          Michael Wildenhain
(nach Brecht)

Man fickt am besten erst und badet dann
Es ist nicht schlecht wenn man beim Baden denkt
Jung bin ich nicht mehr doch wenn das Gelenk
Auch hin und wieder leise knacken kann

Fick ich am besten erst und bade dann
Denn es ist schön in weißem Seifenschaum
Und heißem Wasserdampf im engen Raum
Mit sich allein zu sein während man denken kann

Erst packte sie mich danach ich sie an
Langte von hinten ihr an Beine Bauch und Brust
Gab ihr auch hin und wieder einen Kuss
Man fickt am besten erst und badet dann


Das erste Mal                     Regula Venske
Stoßgebet einer heiteren Zeitlosen

Hier lieg ich nun, gesalbt, geölt, nach Lebensträumen
                                        duftend,
und warte auf den letzten großen Schmaus,
derweil sechs Kerle, stark und hart, und schuftend
mich eskortieren in mein letztes Haus.

        +

Sie ſtemmen mich und tragen mich auf Händen,
und fragen nicht nach dem Erfolg meiner Diät,
sie wiegen Kopf, Hals, Schultern, Po und Lenden
und dienen mir mit zarter Männerpietät.

Der sechſte leidet, mag er auch ein Schuft sein,
der fünfte flennt, der honigsüße Bube.
Dank beider Kraft fahr ich nun in die Gruft ein,
mit ihrer Hilfe komm ich in die Grube.

Der vierte war Kumpan mir manches Jahr,
der dritte nebenbei mir wohl gesonnen.
Der zweite hat begattet mich und gar
der erſte meine Unschuld einſt gewonnen.

Nun sind wir da, sie müssen mich gleich senken,
doch halten sie die Stricke noch gespannt.
Derweil an Kaffee, Schnaps und Kuchen sie schon
                                                    denken
schwelg ich noch einmal in Sechsmännerhand.

Hier liege ich, gesalbt, geölt, im Haar die letzte Blüte,
und geb mich euch, für ein Mal, allen hin.
Nun macht was draus. Habt Dank für eure Güte.
Seid tapfer, Jungs. Denn heiter iſt mein Sinn.

Und also bitt ich euch, ihr ſtraffen Gatten,
geht sanft mit mir und meinen Überreſten um.

    +

Ihr wisst ja, wie wir's vordem gerne hatten.
Bleibt schön im Takt, und im Silentium

lasst sachte mich herab ins feuchte Dunkel schweben.
DEN Rollentausch begehn wir heute noch.
Es ist soweit, zum ersten Mal im Leben
und einz'gen Mal stoß ich nun selbst ins Loch.


**Schieß!**
**Stoßgebet einer freien Radikalen**
**im besten Alter, einen toten Dichter im Rücken**

Du bist vierundzwanzig, ich bin sechzig
und der Neid des Nachbarn stört mich länger nicht.
Wenn du zu mir kommst, dann jauchz und ächz ich
und ich zeig dir ohne Schminke mein Gesicht.

Power-Walking, Yoga, Anti-Aging,
die Erfahrung, und ein wenig fit hält auch das Geld,
Rom, Paris, Madrid, Antibes und Beijing,
mit mir kommst du, süßer Knabe, um die Welt.

Wenn ich hie und da auch schon erkalte –
Fingerspitzen, Herz, die Füße friern –
warm hält dich die jung gebliebne Spalte,
kannst dich mehrmals täglich drin verliern.

+

*Alte Vettel* nannte mich Pansif, und *welke Rübe,*
siebzehnhundertneunundzwanzig, lange her.
*Rauhes Spüllichtfaß* und *Unterfutter,* solche Grübe-
leien, dumme Vorurteile, jucken heut nicht mehr.

Also komm, mein Kleiner, dass du wieder groß wirst!
Wachsen ist die erste Jugendpflicht.
Und wenn du sogleich in meinem Schoß birst,
höre auf den Spott des welken Dichters nicht.

Hör nicht auf, mir weiter Lust zu machen,
dass sich Kopf zu Herz und Schwanz zu Möse find.
Wenn das Liebesfeuer wir vereint entfachen,
schieß die toten Dichter in den Wind.


**Im Grunewald**                            **Simon Traston**
                                        (d.i. Gert Micha Simon)

In den dreißiger Jahren
sehe ich mich als Kind
auf dem Schlachtensee –
mein Vater hat gerudert,
meine Mutter und meine ältere Schwester
saßen mir gegenüber –
ich hockte am Steven.

Nach 1945 durchstreifte ich zweimal
das Strandbad Wannsee,
+

fand aber niemanden,
der zu mir passte.

1948 badete ich
am Großen Fenster
mit meiner Kusine,
auf die ich scharf war —
doch sie ließ mich nicht ran.

In den Fünfzigern
lief ich mit einem Freund
um den Grunewaldsee,
wir sprachen über Weininger und Nietzsche,
entschlossen zum Aufstand.

Jahre später ging ich
mit einer Frau in den Wald,
um sie zu ficken —
noch später,
als ich verheiratet war, mit meiner Geliebten —
sie besorgte es mir mit dem Mund.

Aber plötzlich war nichts mehr —
Nur noch ein Duft,
ein Geräusch,
das Knacken des Unterholzes,
das Schwirren der Mücken.

Heute kann ich kaum noch laufen,
hocke an meinem Sekretär

+

und versuchs mit einem Gedicht
unter dem Titel
IM GRUNEWALD.


## 30 Grad

Ganz versponnen in Fleisch...
Die Hitze atmet Unzucht.
Der schlaffe Hauch eines Luftzugs
birst von Weibgier.
Die strammen Waden
dieser geilen Tiere
– eingespannt in Nylon,
bezeichnet von dunkler Naht –
schaukeln satt durch den Blick...
Darüber die fetten Ärsche,
knapp in die Röcke gesetzt – –
Und zwischen ihren Schritten
knirscht die Votze...
Da in ihrer Mitte
schwitzen sie und hungern
nach dem Schwanz –
der sie erlöst
von der Beklommenheit
des heißen Tages...

## Obsession

Selten sah mich mein Friseur —
nun kann ich kaum erwarten,
mich wieder und wieder den subtilen Zärtlichkeiten
seiner jungen Assistentin hinzugeben.

Während sie mich shampooniert,
ihr routiniertes Fingerspiel rebellische Reflexe auslöst,
drückt ihr nacktes rundes Knie sich weich, aber fest,
also unausweichlich zwischen meine Schenkel,
gewährt mir die Beugung ihres Körpers
einen ebenso friedlichen wie aufwühlenden
Einblick in das tiefe Tal
ihrer taubengleichen, im weit ausgeschnittenen Kittel
frei schwingenden Brüste.

Aber endgültig trunken macht mich
ihr kindweiblich lockender Duft
von feuchten Achselhöhlen, Milch und Pisse,
der mich erst nur lose umspült,
dann allmählich —
verstärkt durch die wachsende Intensität ihrer
                                        Bewegungen,
die zunehmende Nähe des erhitzten Körpers —
gnadenlos einschließt.

+

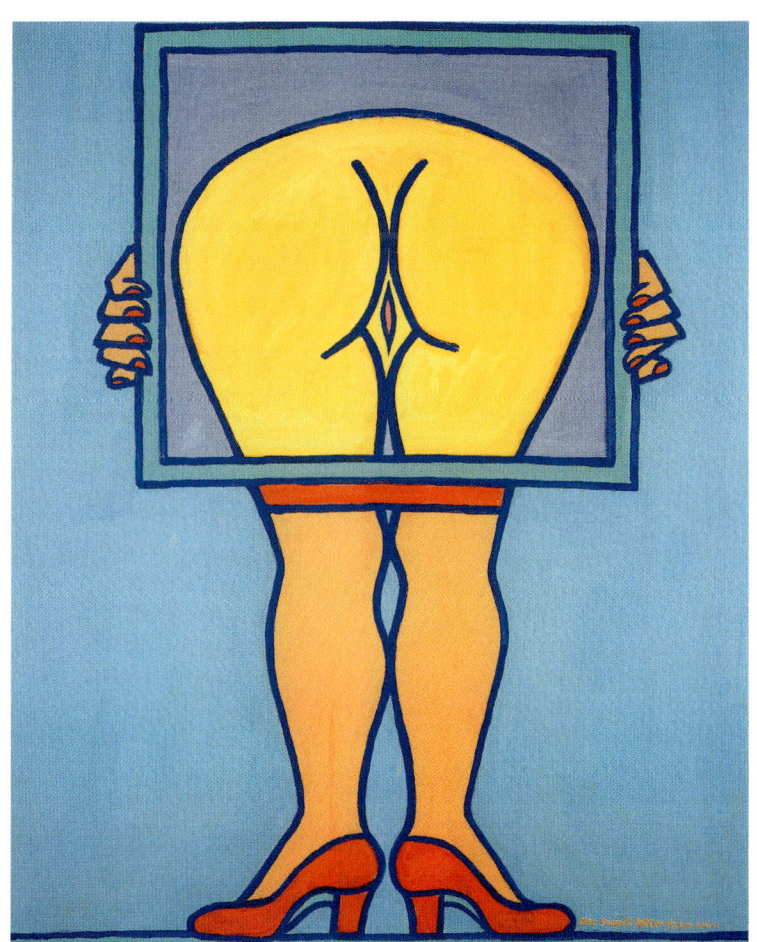

muehl 30.11.96

Gerade wenn mein knochenharter
Schwanz mir suggerieren will,
tief in ihrem Rachen steckend zu entladen,
reißt mich eine etwas piepsige Stimme:
«Wünschen Sie Haarfestiger?»
aus meinen Träumen,
was aber letztlich der Dankbarkeit
eines Mannes im fortgeschrittenen Alter
und der Höhe seines Trinkgelds
keinen Abbruch tut.

## Die Plage Sex                                          Ludwig Fels

Du kannst zusammenklappen, Baby, ich brauch dich
                                                        nicht mehr
es war Wahnsinn, aber jetzt bin ich leer.
Nimm Hände, Beine, pack deinen Arsch
ich liebe dich klingt viel zu herrisch, viel zu barsch.
Ich brauch Sehnsucht, muß allein sein
muß mich fragen, wo
bleibt der Traum vom Einssein?
Ein Fleisch und Blut für ewig und immer
bloß wo das sein wird, ich hab keinen Schimmer.
Du hast meine Liebe, du hast meinen Schwanz,
Ich fühle mich leer, ich möchte dich ganz.

## Ewig die alte Leier             <u>Tilmann Lehnert</u>

Hans-Karl hieß früher Sabine
Lea hieß früher Franz
Hartmut hieß früher Gesine
Siegfried hat keine Glans

Siegfried hieß früher Christine
Leila heißt unser Hans
Horst hieß früher Hermine
Adam hat keinen Schwanz

Heide hieß früher nicht Heide
Heide hieß früher Franz
Heide hat keine Scheide
Heide hat einen Schwanz

Carla Z. hieß früher E. Meier
E. Meier begehrte Franz
Carla Z. entdeckt Heides Eier
Und Heide Carlas Schwanz

Gesine wollte früher E. Meier
Als Hartmut will er Hans
Hans wollte nie seine Eier
Siegfried will Adams Schwanz

Die da will jetzt Eier
Adam einen Schwanz
+

Die dazugehörigen Eier
Hängen leider an Hans

Hans-Karl hat eine Scheide
Sabine will einen Schwanz
Heide will alle beide
Dann kann sie's mit Franz

Die da will immer Eier
Der da keinen Schwanz
Ewig die olle Leier
Keiner kann's ganz


## Du gehst schön zum Körper

Man realisiert sehr schnell beim Stechen im Bett,
ob ein Dream-Paar
in den Ring gestiegen
            oder Nummernschieber wirken.
Bei Eve muß ich jeden Koitus erflennen,
den sie abwürgt,
wenn ich Vollgas gebe
            und traumhaft am Rattern bin.
Ich wollte mit Jans jüngstem Sprößling pennen
und fand nur Krampf,
alles zu und siechen Sinn
            statt nassem Loch, Amelienchen!

        +

Du begreifst mein Lauern auf den einen Wink,
der deinen Drang,
daß ich auf dich steige,
            sehr anheimelnd zum Leuchten bringt!
Du kannst beim Akt Edles erstellen,
Schmelz, der's faustdick
hinter den Ohren hat
           und Ausrasten natürlich schafft.
Wie gehabt gehe ich schmeichelnd heran, mit Griffen
unter dein Top,
Freilegung der Titten,
           bevor ich muschiwärts gleite.
Du gibst mir durch dein Bumsen zu erkennen,
daß du es liebst,
wenn du mich intus hast,
           zauberhaftes Amelienchen!


## Faust I                            <u>Sybil Volks</u>

Bin weder Mädchen, weder Mann,
zieh heute andersrum mich an

Das Kleid von feinster Schlangenhaut, das Haar
von einer Höllenbraut, die Wimpern
einer abgeschaut, der Arsch
im Paradies gebaut

+

Die Herren sinken auf die Knie, besamen
sich die Hände, die Damen wissen
auch nicht wie ihnen geschieht am Ende

Bin zwar kein Mädchen, aber schön
Kann ungefickt
nicht nach Hause gehn

## Faust II

Ich halt um deine Hand an
die Welt steht still
Denn deine Hand liegt in mir
und ja, ich will
Du gibst mir alle Finger
damit sich's lohnt
Behaust ist deine Faust und
ich bin bewohnt

## Sternzeichen-Fick-Info                    Frank Schulz
## von Girls für Girls

*Steinbock (22.12. — 19.1.)*

Der Steinbock ist ein geiler Bock.
Er jagt dich über Stein und Stock.
Sein Motto: Bock around the clock.
Sein Fickstil: gotisch bis barock.

+

*Wassermann (20.1. — 18.2.)*
>Womöglich ist noch krasser dran
>der ewig feuchte Wassermann.
>Von Haus aus zwar ein blasser Mann.
>beweist er, daß er's nasser kann.

*Fische (19.2. — 20.3.)*
>Ein Kerl mit Sternbild Fische fickt
>dich aalglatt, glitschig und geschickt.
>Doch wenn sein Stint dich auch erquickt —
>sein Hirn ist eher schlicht gestrickt.

*Widder (21.3. — 20.4.)*
>Der Widder schlittert willenlos
>in jeden halbwegs will'gen Schoß.
>Dort fuhrwerkt er — 's ist kurios —
>trotz krummen Horns recht furios.

*Stier (21.4. — 20.5.)*
>Der Stier! Nomen est omen! Gott!
>Der Stier, der vögelt dich bankrott.
>Der bumst dich platt, kaputt zu Schrott —
>der Stier, der fickt dich aufs Schafott!

*Zwillinge (21.5. — 20.6.)*
>Der Zwilling vögelt lieber lieb,
>ja sublimiert oft seinen Trieb.
>Ach großer Gott, sei gut, vergib
>dem Zwilling, diesem Tagedieb ...

+

*Krebs (21.6. — 22.7.)*

> Der Krebs krebſt meiſt so vor sich hin,
> empfindet Sex als Widersinn.
> Oft fragt er sich: Bin ich schon drin?
> Der Alptraum jeder Anglerin.

*Löwe (23.7. — 22.8.)*

> Des Löwen Luſt iſt erſt geſtillt
> und dessen Soll erſt dann erfüllt,
> wenn er aus voller Bruſt bebrüllt,
> was aus ihm in die Löwin quillt.

*Jungfrau (23.8. — 22.9.)*

> Die Jungfrau, hach, iſt meiſt 'ne Fee,
> mal geile Sau, mal scheues Reh.
> Den Hintern gündlich voll Gelee,
> hält die von Frauen nix, juchhe!

*Waage (23.9. — 22.10.)*

> Die Waage schätzt Fellatio,
> bumſt selber nur mit Ratio
> auf der Roßhaar-Matratzio
> und wartet auf Laudatio.

*Skorpion (23.10. — 22.11.)*

> GV mit Skorpion? Niemals!
> Nie! Nimmer! Bloß nicht! Keinesfalls!
> Sein Stachel ſticht noch tiefer als
> ein Degen (vulgo kratzt im Hals)!

+

*Schütze (23.11. — 21.12.)*

> Obwohl, weiß Zeus, nicht grad Apoll,
> gibt jeder Schütz' zu Protokoll:
> «Ich war und bin im Bett ganz toll!»
> Ihr nehmt ihn besser nicht für voll.

## Sternzeichen-Fick-Info
## von Boys für Boys

*Muschi (19.1. — 18.1.)*

> Borr geil, dorr; alter Schwede, stark!
> Lechz, hechel, röchel, sabber ... Arrrrrggh!

## Casanovas Nordlandreise        Klaus Cäsar Zehrer
Ein Erotikon in zwölf Episoden

> Auf dem gesamten Apennin
> war er in jeder schon mal drin,
> deshalb zog er im Jänner —
> in einer Hand zwölf rote Rosen
> und in der andern seine Hosen —
> übern Brenner.
>
> Er schenkte jeder Frau in Kufstein
> zur Probe einen Beischlafgutschein,
> gültig im Februar.
> +

Die Resonanz war äußerst müde,
weil Kufstein nämlich eine prüde
Scheißstadt war.

In Stuttgart, Ulm und Biberach
war das Interesse gleichfalls schwach,
dort weilte er im März.
Es ist ein ehernes Gesetz:
Die geilsten Weiber wohnen stets
anderwärts.

Breitbeinig stakte er durch Füssen
mit weichem Keks und harten Nüssen,
man schrieb nunmehr April.
Ach!, ewig drängt zur Frau der Mann,
und, leider!, nicht ein jeder kann,
der will.

Sein Herz, sein Herz war furchtbar traurig,
doch lustig leuchtete in Aurich
der Wonnemonat Mai.
Die ganze Welt sang Liebeslieder,
nur ihm hing das Gemächt hernieder
wie Blei.

Im wunderschönen Paderborn,
wär er um ein Haar Vater wor'n,
das war im Monat Juno.
Jedoch die Maid, in deren Schoß

+

sich seine heiße Lust ergoss,
hieß Bruno.

Bei Altona auf der Chaussee,
da taten ihm die Eier weh,
's war Juli schon inzwischen.
So trat er einen Schritt beiseit'
und schenkte seine Herrlichkeit
den Büschen.

In Günzburg hat er sich geschickt
In eine Schinkenwurst gedrückt,
indessen war's August.
Ein Mann, so will es die Natur,
kennt eine Handlungsregel nur:
Du musst.

In Ludwigslust hat er's vollbracht
elf Mal in einer einz'gen Nacht,
September war's im Land.
Elf Mal ekstatisch wildes Schrei'n,
dann schlief sie vor Erschöpfung ein,
die Hand.

Im Oktober und in Emden
entzückten seine steifen Hemden
das ganze Königshaus.

+

Doch als die Königin bemerkte,
womit er seine Hemden stärkte,
flog er raus.

Im traurigen Monat November war's,
da saß er still in Hafenbars
der großen Seestadt Leipzig
und schrieb voll Trübsinn ein Gedicht:
«Wer jetzt allein ist, niemals nicht
beweibt sich.»

An Heiligabend rief er aus:
«Am schönsten ist es doch zu Haus!»,
lief los, und zu Silvester
lag er bereits, der Triebnot ledig,
in seiner Heimatstadt Venedig
auf seiner Schwester.

## Fünf Samen

### 1. Der Genügsame

Manch einer, dem der Rausch der ersten Nacht
die Sinne trübt und den Verstand vernebelt,
bemerkt erst, wenn er anderntags erwacht,
dass seine neue Herzensdame schwäbelt.

+

Ein Narr, wer da verschreckt die Flucht ergreift
und noch am selben Tag zur Nächsten wechselt.
Den Weisen, lebenskundig und gereift,
erfreut es, dass sie wenigstens nicht sächselt.

### 2. Der Mitteilsame

Ganz Wuppertal ist informiert,
wenn Herr von Deutz ejakuliert,
weil er beim Abgang derart röhrt,
dass man es bis nach Remscheid hört.

### 3. Der Unliebsame

Junge, jetzt mal im Vertrauen:
So wie du dich anstellst, Bub,
wird das nie was mit den Frauen,
nicht einmal im Swinger-Club.

Jeder schlägt die Augen nieder,
wenn du aus dem Anzug steigst;
alle Menschen werden prüder,
wenn du dein Gehänge zeigst.

### 4. Der Bedeutsame

Mein Name steht im Lexikone:
Schlag nach beim Stichwort «Sexikone».

+

##### 5. Der Unbeugsame

Müd, malade, matt, morbid —
ach, es ist kein Unterschied:
Uns beide gleichermaßen
deckt morgen schon der Rasen.

Und hat die Zeit uns auch versehrt,
so sind wir doch einander wert
und lieben uns als Greise
noch stets nach alter Weise.

Drum schnell, bevor der Exitus
zuvorkommt unserm letzten Kuss —
noch einmal soll's uns glücken:
Das Tier mit zwei Perücken.

## Dabei sein ist alles                    Norbert Tefelski

Benutze, Schatz, den starken Herrn.
Los, klemm dich drauf, ich seh das gern.
Sei unbehost und ungehemmt.
Was? Eifersucht? Die ist mir fremd.

Massier Madame mit Lust im Schritt.
Erst guck ich zu, dann mach ich mit.
Man fickt zu dritt, man fickt zu viert,
denn Eifersucht ist kleinkariert.

+

Und brauchst du mal extrem viel Saft,
bestell'n wir uns 'ne Hundertschaft
der spritzbereiten Feuerwehr.
Dumm, wer da eifersüchtig wär!

Mal sinds mehr Männer, mal mehr Frau'n,
die einen weiß, die andern braun.
Wo ist der Arsch, wo das Gesicht?
Nein, eifersüchtig bin ich nicht.

Und schilderst du mir detailliert,
wie du den Briefträger verführt
hast, bin ich dir mitnichten bös.
Das regt uns an, post-pimperös.

Doch wenn ich hintenrum erfahr,
dass da was mit dem Nachbarn war,
und du verschwiegst es — Ei, verflucht! —
dann spür ich plötzlich Eifersucht.

Das ist das alte Egoschwein,
so klotzig wie ein Legostein.
Denn fühlt sich's nicht mehr angedockt
dann wähnt das Ich sich ausgeknockt.

## Silikonbrüste                        Manfred Pfeiffer
## (für Lolo Ferrari)

Wir kamen über die Klimaerwärmung zum Thema.
Und über die Auswirkung von Kälte auf Silikon.
(Kann das platzen? Gefrieren?)

Besonders kalt seien Körperteile, die
weit abstehen. Ein großer Hintern z.B.
oder eben Silikon-Titten.

Und überhaupt, so die These
meiner Frau: Wer auf große Titten steht
hatte vielleicht als Kind
kein eigenes Kissen.

Ein Armutsproblem also. Gut,
dass ich das jetzt weiß.


## Pech

«Mädchen, mach die Beine breit,
die Bundeswehr braucht Soldaten» – so lautete
ein Klospruch
an unserer Schule.

+

Anfang der achtziger Jahre war,
friedensbewegt,
damit kein Staat zu machen. Schon gar nicht
das Ziel zu erreichen.

Selbst Mädchen mit O-Beinen hielten
diese mühsam geschlossen.

Kürzlich dachte ich, versuch es doch mal
bei rechten Bräuten. Beischlaf als
patriotische Pflicht. Meine
Chance.

Gewissensberuhigung: linkes Sperma
in rechtem Ei − vielleicht käme
da ein Liberaler bei raus. Wenigstens.

Wenn es zwei würden,
würden es Brüderle.

Nun macht mir schon wieder die Politik
einen Strich durch die Rechnung.
Von Guttenberg schafft die Wehrpflicht ab.

<u>Cora Schöpel</u>

**Komm und mach's mir, Fabian!**
Lass deine Triebe walten.
Besorgs mir, kleiner Pavian!
Ich werd dein Schwänzchen halten.

**Anonym**
• Im feuchten Park
• Die Greise
Aus: (Anonym) «Die braune Blume»,
Privatdruck in 310 num. Exemplaren,
Berlin, 1929.

**Anonym**
• Das Möschen
Aus: Gerd Henninger (Hrsg.),
«Beispiele manieristischer Lyrik»,
Deutscher Taschenbuch Verlag,
München, 1970.

**Becker, Uli** (1953)
• Ohne Titel  S. 122
• Ohne Titel  S. 123
• Ohne Titel  S. 123
© Maro Verlag, Augsburg.
Aus: U.B. «Das Höchste der Gefühle.
Erotische Gedichte», 1987.

**Behrens, Franz Richard** (1895–1977)
• Unausgeschöpft
© Gerhard Rühm. Aus: R.F.B.
«Blutblüte. Die gesammelten Gedichte»,
Werkausgabe Band 1,
Text & Kritik, München, 1979.

**Bessmertny, Alexander**
(1888–1939)
oder **Blei, Franz**
(1871–1942) (zugeschrieben)
• Das erste Sonett
• Das dritte Sonett
• Das fünfte Sonett
• Das siebente Sonett
Aus: (Anonym) Ede S. Blehmches,
«Erbrochene Siegel», O.O., 1912.
Den dort erstmals abgedruckten

insgesamt 10 erotischen Sonetten
wird eine Autorenschaft Friedrich
Schlegels angedichtet. Das Bilder-
Lexikon Band II (S.139), Literatur
und Kunst, Verlag für Kulturforschung,
Wien/Leipzig 1929 schreibt dazu
unter dem Eintrag zu Franz Blei:
«Zehn (apokryphe) Sonette von
Friedrich Schlegel (1912) schreibt man
ihm ebenfalls zu, sie stammen aber
von A. Bessmertny und Blei schrieb
hierzu nur die Vorrede.»

**Biermann, Wolf** (1936)
• Von mir und meiner Dicken
in den Fichten
© 1965 by Wolf Biermann. Aus: W.B.
«Mit Marx- und Engelszungen», Verlag
Klaus Wagenbach, Berlin, 1968.

**Brecht, Bertolt** (1898–1956)
• Das Pflaumenlied
• Ohne Titel  S. 55
• Sonett über einen
durchschnittlichen Beischlaf
• Sauna und Beischlaf
• Das neune Sonett
© Suhrkamp Verlag Frankfurt
am Main 1998. Aus: B.B. «Werke.
Große kommentierte Berliner
und Frankfurter Ausgabe».

**Brinkmann, Rolf Dieter**
(1940–1975)
• Liedchen
• Comic No. 2
• Wichtig
© Rowohlt Verlag GmbH, Reinbek.
Aus: R.D.B. «Standphotos.
Gedichte 1962–1970», 1980.

**Domin, Hilde** (1909–2006)
• **Mein Geschlecht zittert**
© S.Fischer Verlag GmbH,
Frankfurt am Main 1987.
Aus: H.D. «Gesammelte Gedichte».

**Enzensberger, Hans Magnus** (1929)
• **Süße Kleine...**
© Suhrkamp Verlag Frankfurt am Main
1999. Aus: H.M.E. «Leichter als Luft.
Moralische Gedichte».
• **Ich bin, was du vergessen hast**
© Suhrkamp Verlag, Frankfurt am Main
1986. Aus: H.M.E. «Gedichte 1950–1985».

**Fauser, Jörg** (1944–1987)
• **Charlie und Harry**
© Maro Verlag, Augsburg. Entnommen
aus: J.F. «Die Harry Gelb Story», 1973.
• **Geschichte von der riesigen
Finnin**
• **Fünf Frauen**
© Alexander Verlag, Berlin.
Aus: J.F. «Gesammelte Gedichte
und Songtexte», 2005.

**Fels, Ludwig** (1946)
• **Die Plage Sex**
© Ludwig Fels. Aus: Steffen Jacobs
(Hrsg.), «Liederlich! Die lüsterne Lyrik
der Deutschen», Eichborn Verlag,
Frankfurt/Main 2008.

**Fried, Erich** (1921–1988)
• **Päderastie als Waffe**
© Verlag Klaus Wagenbach, Berlin
1970. Aus: E.F. «Unter Nebenfeinden».
• **Schwein des Anstoßes**
© Verlag Klaus Wagenbach,
Berlin 1969. Aus: E.F. «Die Beine
der größeren Lügen».

**Gernhardt, Robert** (1937–2006)
• **Die Entdeckung**
© Nachlass Robert Gernhardt, durch
Agentur Schlück. Alle Rechte vorbehal-
ten. Aus: R.G. «Welt im Spiegel –
WIMS 1964–1976», Zweitausendeins,
Frankfurt am Main, 1979.
• **Ermunterung**
© Robert Gernhardt 1987.
Alle Rechte vorbehalten S.Fischer
Verlag GmbH, Frankfurt am Main.
Aus: R.G. «Körper in Cafés».

**Grass, Günter** (1927)
• **Ein Wunder**
• **Vertrauen**
© Steidl Verlag, Göttingen.
Aus: G.G. «Letzte Tänze», 2003.

**Grasshoff, Fritz** (1913–1997)
• **Frühlingserwachen oder Guter
Rat an ausgereifte Jungfrauen**
© 1965 by Verlag Kiepenheuer &
Witsch GmbH & Co. KG, Köln.
Aus: F.G. «Grasshoffs unverblümtes
Lieder- und Lästerbuch».

**Grosz, George** (1893–1959)
• **Aus dem Singspiel «Der Latten-
tanz». Auftritt des Zotendichters**
• **Oz, laß uns einen heben**
© Carl Hanser Verlag, München, Wien.
Aus: G.G. «Ach knallige Welt, du
Lunapark. Gesammelte Gedichte», 1986.

**Gsella, Thomas** (1958)
• **Pastors Rechnung**
• **Unterirdisch**
• **Endlich: Schüttelreime**
© Thomas Gsella. Aus: T.G. «Generation
Reim. Gedichte & Moritat»,

Gerd Haffmans bei Zweitausendeins,
Frankfurt/Main 2003
• **Von der Maßlosigkeit**
• **Großer Tag für kleines Mädchen**
© Eichborn AG, Frankfurt am Main,
Juni 1999. Aus: T.G. «Materialien zur
Kritik Leonardo DiCaprios».

**Gürtler, Danny**
**(d.i. Walter Emil Diller, 1885–1917)**
• **Lesbische Liebe**
Aus: D.G «Hetärenlieder»,
Stern-Ellreich & Co, Mannheim o.J.

**Hacks, Peter (1928–2003)**
• **Der schüchterne Kasper**
• **Die Mädchen aus Rochelle**
• **Auf einen bronzenen**
**Gartengott von Salow**
© Eulenspiegel Verlag,
Berlin, 2003. Aus: P.H.
«Werke Band 1 – Die Gedichte».

**Hammerschlag, Peter**
**(1902–1942)**
• **An mich selber**
© Paul Zsolnay Verlag Wien 1997.
Aus: P.H. «Die Wüste ist aus gelbem
Mehl. Groteskgedichte».

**Harig, Ludwig (1927)**
• **Pensionärinnen**
© Carl Hanser Verlag, München Wien.
Aus: L.H. «Hundert Gedichte», 1988

**Hertel, Inge (1932)**
• **Reifeprüfung**
Zuerst abgedruckt in «Die Horen»
75/1969. Aus: Heinz Ludwig Arnold
(Hrsg.), «Komm. Zieh dich aus.»,
Zürich, Haffmans Verlag, 1991.

**Henscheid, Eckhard (1941)**
• **Charlottens Brief**
© Eckhard Henscheid.
Aus: E. Henscheid / F.W. Bernstein (Hrsg.),
«Unser Goethe. Eine Lesebuch», 1982.

**Herrmann-Neisse, Max**
**(1886–1941)**
• **Salomo der Königin von Saba**
Aus: M.H-N. «Gesammelte Werke.
Gedichte Band 3»,
Zweitausendeins, 1986.

**Heym, Georg (1887–1912)**
• **Abends**
Aus: G.H. «Dichtungen und
Schriften. Band 1», Ellermann Verlag,
München, 1964.

**Jandl, Ernst (1925–2000)**
• **Hoffnung**
© 1997 Luchterhand Literaturverlag,
München, in der Verlagsgruppe
Random House GmbH.
Aus: E.J. «Poetische Werke»,
herausgegeben von Klaus Siblewski.

**Kanehl, Oskar (1888–1929)**
• **Tingeltangel**
Aus: Hartmut Geerken
«Dich süße Sau nenn ich die Pest
von Schmargendorf», Renner,
München, 1985.

**Kästner, Erich (1899–1974)**
• **Moralische Anatomie**
• **Eine Animierdame stößt**
**Bescheid**
© Atrium Verlag, Zürich.
Aus: E.K. «Gedichte», Büchergilde
Gutenberg, Frankfurt/Main, 2003.

**Kirsch, Rainer** (1934)
• **Petrarca, am Schreibtisch,**
**sonettiert seiner Gespielin**
© Erschienen 2002 in der Grafischen
Reihe der Quetsche. Verlag für
Buchkunst. Witzwort. Aus: R.K.
«Petrarca hat Malven im Garten und
beschweigt die Welträtsel».

**Klabund**
**(d.i. Alfred Henschke, 1890–1928)**
• **Die Schusterin**
Aus: Klabund, «Der Leierkastenmann.
Volkslieder der Gegenwart», Erich Reiss
Verlag, Berlin, 1917.
• **Ohne Titel S.48**
• **Ohne Titel S.49**
Aus: Klabund «Der himmlische Vagant»,
Kiepenheuer & Witsch, Köln, 1968.

**Kloos, Barbara Maria** (1958)
• **Jungfernflug**
© Barbara Maria Kloos.
Aus: «Literarischer März 6. Lyrik
unserer Zeit», List Verlag, 1989.
• **Balzgesang**
• **Münchner Honeymoon**
© Barbara Maria Kloos.
Aus: Christian Maintz (Hrsg.)
«Komische Liebesgedichte»,
Zürich, Kein & Aber, 2010.
• **Mens Sana**
© Barbara Maria Kloos. Aus: B.M.K.
«Die Tage waren wie Ballons», Franz
Schneekluth Verlag, München, 1991.

**Kramer, Theodor** (1897–1958)
• **Die Liebeseifrige**
© Paul Zsolnay Verlag Wien 1999.
Aus: T.K. «Die Wahrheit ist,
man hat mir nichts getan».

**Krausser, Helmut** (1964)
• **Gut gekommen**
• **Ohne Titel S.152**
© 2007 DuMont Buchverlag, Köln.
Aus: H.K. «Plasma. Gedichte 03–07»,
S.33 und S.41.
• **Ohne Titel S.153**
© Helmut Krausser. Aus: Steffen Jacobs
(Hrsg.), «Liederlich! Die lüsterne
Lyrik der Deutschen», Eichborn Verlag,
Frankfurt/Main, 2008.

**Krolow, Karl** (1915–1999)
• **Sonett**
© Suhrkamp Verlag Frankfurt am Main
1985. Aus: K.K. «Gesammelte Gedichte
in drei Bänden».

**Kröpcke, Karol**
**(d.i. Karl Krolow, 1915–1999)**
**Aus «Bürgerliche Gedichte»**
• **I**
• **VII**
• **IX**
• **XIII**
• **XXI**
© Merlin Verlag, Gifkendorf.
Aus: K.K. «Bürgerliche Gedichte», 1970.

**Kunert, Günter** (1929)
• **Kleines Gedicht**
• **Utopischer Eros**
© Günter Kunert. Aus: Heinz Ludwig
Arnold (Hrsg.), «Dein Leib ist mein
Gedicht», Rütten & Loening, 1970.

**Kuhligk, Björn** (1975)
• **Ohne Titel S.150**
© Berlin Verlag, Berlin.
Aus: B.K. «Am Ende kommen
Touristen. Gedichte», 2002.

- Sie zieht ein Bein nach
- Ohne Titel S. 151
© Berlin Verlag, Berlin. Aus:
B.K. «Großes Kino. Gedichte», 2005.

Lehnert, Tilmann (1941)
- Ewig die alte Leier
- Du gehst schön zum Körper
© Tilmann Lehnert. Aus:
«Heidi und Schmitt. Vortragsstücke»,
Edition Mariannenpresse,
Berlin, 2006.

Lichtenstein, Alfred (1889–1914)
- Erotisches Varieté
- Der Kavalier
- Mädchen
Aus: A.L. «Gedichte und Geschichten»,
Georg Müller Verlag, München, 1919.

Mann, Carsten M. (1967)
- Eifersucht (für C.M.)
- Poesie (Bi)
© Carsten M. Mann. Originalbeitrag
zu dieser Anthologie.

Meyer, Detlev (1948–1999)
- Löblicher Vorsatz
- Der Mann der Grachten (für Hajo)
- Lied von der Großzügigkeit
und dem guten Geschmack
- Der Taxifahrer
- Frohe Botschaft
© Verlag Eremiten-Presse, Düsseldorf,
1990. Düsseldorf. Aus: D.M.
«Stehen Männer an den Grachten».

Modick, Klaus (1951)
- Flötenkonzert in Sanssouci
(Adolph von Menzel)

- Auf dem Segler
(Caspar David Friedrich)
- Hochzeitsreise
(Moritz von Schwind)
- Ground Swell (Edward Hopper)
© Eichborn AG, Frankfurt am Main,
Februar 2003. Aus: K.M. «Säuische
Sonette mit akuten Akten».

Moisenhayn, Hartmann von (1958)
Widmungsblätter:
- I jägerlied. für uhland
- II der entsterzte. für eichendorff
- III die sticht schon. für grillparzer
- IV die sexte stunde.
für droste-hülshoff
- V knebel. für lenau
- VI den römischen prunnen.
für c.f. meyer
- VII ecce porno. für nietzsche
© Heinz Ludwig Arnold. Aus: Heinz
Ludwig Arnold (Hrsg.), «Dein Leib ist
mein Gedicht», Rütten & Loening, 1970.

Mühsam, Erich (1878–1934)
- Kleiner Roman
- Mädchen mit den krummen
Beinen
Aus: E.M. «Sich fügen heißt lügen.
Ein Lesebuch», Steidl Verlag,
Göttingen, 2003.
- Ohne Titel S. 150
Aus: E.M. «Gedichte»,
Verlag europäische Ideen, 1983.

Mynona (d.i. Salomo Friedlaender,
1871–1946)
- Der Greis stellt nach
der jungen Katherine
- Ohne Titel S. 44

• Ohne Titel  S. 44
• Ohne Titel  S. 45
© Hartmut Geerken.
Aus: Mynona, «100 Bonbons»,
München, Georg Müller, 1918.

Okopenko, Andreas (1930–2010)
• Ich möchte nur die
Mutzenbacher kosten
• Liebeslied an eine
gutentwickelte Zwölfjährige
• Jüngling fickt dicke Schreber-
gärtnerin vom Gesäß aus
© Johann August Bisinger.
Aus: Heinz Ludwig Arnold (Hrsg.),
«Dein Leib ist mein Gedicht»,
Rütten & Loening, 1970.

Papenfuß, Bert (1956)
• in cunt we trust
© by Gerhard Wolf janus press GmbH,
Berlin. Aus: B.P. «routine in die
romantik des alltags», 1995.
• geilheit ist nicht der grund genug
© by Gerhard Wolf janus press GmbH,
Berlin. Aus: B.P. «Led Saudaus.
notdichtung, karrendichtung», 1991.

Pfeiffer, Manfred (1967)
• Silikonbrüste
• Pech
© Manfred Pfeiffer. Originalbeitrag zu
dieser Anthologie.

Rakusa, Ilma (1946)
• Ohne Titel S. 138
© Ilma Rakusa. Aus: Gabriele Trinckler
/Anton G. Leitner (Hrsg.),
«Halb gebissen halb gehaucht. Das
kleine Liebeskarussell der Poesie»,

edition DAS GEDICHT Band 2,
Anton G. Leitner Verlag,
Weßling, 2001.

Raschke, Ulrich (1943–1999)
• Gummischutz
Erstveröffentlichung in:
Heinz Ludwig Arnold (Hrsg.),
«Dein Leib ist mein Gedicht»,
Rütten & Loening, 1970.

Rasp, Renate (1935)
• Häschen in der Grube VI
© 1969 by Verlag Kiepenheuer &
Witsch GmbH & Co. KG, Köln. Aus:
R.R. «Eine Rennstrecke. Gedichte».

Ringelnatz, Joachim
(d.i. Hans Bötticher, 1883–1934)
• Ohne Titel  S. 53
• Offener Antrag auf der Straße
• An Berliner Kinder
Aus: J.R. «Und auf einmal steht es
neben dir. Gesammelte Gedichte»,
Büchergilde Gutenberg,
Frankfurt/Main, 2007.
• Pipi
Aus: J.R. «Und auf einmal steht es
neben dir. Gesammelte Gedichte»,
Berlin, Henssel, 1950.

Rühm, Gerhard (1930)
• mein steckenpferd
• erna
• bitte
• ach bleib
• Das alte Lied
© Rowohlt Verlag GmbH, Reinbek.
Aus: G.R. «Geschlechterdings. Chan-
sons. Romanzen. Gedichte», 1990.

**Rühmkorf, Peter** (1929–2008)
• Fressen, Trinken, Schlafen
© Rowohlt Verlag GmbH, Reinbek.
Aus: P.R. «Gedichte. Werke 1», 2000.
Das Gedicht entstand 1948.

**Schenk, Johannes** (1941–2006)
• Puffhund
• Bericht der Knopfpresserin
Olga Baschba
© Wallstein Verlag, Göttingen 2009.
Aus: J.S. «Die Gedichte 1964–1979;
1980–1999; 2000–2006», Bd. 1,
S. 13 u. 107.

**Schnellpfeffer, Jacobus**
(d.i. Carl Georg von Maassen,
1880–1940)
• Zur Nacheiferung
Aus: J.S. «Die Gedichte eines
Gefühllosen», Verlag zum toten Kind,
München / Berlin, 1903.

**Schöpel, Cora** (1991)
• Ohne Titel S. 177
© Cora Schöpel. Originalbeitrag.
Cora Schöpel gewann den Lyrik-Wett-
bewerb, den der Verlag WALDE+GRAF
anlässlich der Frankfurter Buchmesse
2010 durchführte.

**Schrader, Julie** (1881–1939)
• Der Zitterwels
• Rickel-rackel
Aus: J.S. «Das Erotikon des
welfischen Schwans», hrsg. von
Berndt W. Wessling, München, 1974.

**Schulz, Frank** (1957)
• Sternzeichen-Fick-Info
von Girls für Girls

• Sternzeichen-Fick-Info
von Boys für Boys
© Frank Schulz. Aus: Steffen Jacobs
(Hrsg.), «Liederlich! Die lüsterne
Lyrik der Deutschen», Eichborn Verlag,
Frankfurt am Main, 2008.

**Schwitters, Kurt** (1887–1948)
• Keine Rose
• Fräulein Franke
© 1974 DuMont Buchverlag, Köln.
Aus: K.S. «Das literarische Werk», hrsg.
von Friedhelm Lach, S.140 und S.97.

**Stramm, August** (1874–1915)
• Trieb
Aus: A.S. «Du – Liebesgedichte»,
Verlag Der Sturm, Berlin, 1915.
• Freudenhaus
Aus: A.S. «Das Werk», Limes,
Wiesbaden, 1963.

**Tefelski, Norbert** (1950)
• Dabei sein ist alles
© konkursbuch Verlag Claudia Gehrke,
Tübingen. Aus: «Mein heimliches Auge.
Das Jahrbuch der Erotik 2009/10», 2009.

**Thoma, Ludwig** (1867–1921)
• Gleichgültigkeit
• Sexuelle Aufklärung
Aus: L.T. «Gesammelte Werke»,
Band 6, Piper Verlag, 1968.

**Törne, Volker von** (1934–1980)
• Lied, der Freiheit ein Kind
zu machen
• Idylle
© Klaus Wagenbach Verlag, Berlin 1981.
Aus: V.v.T. «Im Lande Vogelfrei.
Gesammelte Gedichte».

**Traston, Simon**
(d.i. Gert Micha Simon, 1929)
• Im Grunewald
© konkursbuch Verlag Claudia Gehrke,
2009/2010. Aus: «Mein heimliches Auge.
Das Jahrbuch der Erotik 2009/10», 2009.
• 30 Grad
• Obsession
© Simon Traston.

**Venske, Regula** (1955)
• Das erste Mal. Stoßgebet einer
heiteren Zeitlosen
• Schieß! Stoßgebet einer freien
Radikalen im besten Alter,
einen toten Dichter im Rücken.
© Regula Venske. Aus: Steffen Jacobs
(Hrsg.), «Liederlich! Die lüsterne
Lyrik der Deutschen», Eichborn Verlag,
Frankfurt am Main, 2008.

**Volks, Sybil** (1965)
• Faust I
• Faust II
© Sybil Volks. Aus: Steffen Jacobs
(Hrsg.), «Liederlich! Die lüsterne
Lyrik der Deutschen», Eichborn Verlag,
Frankfurt am Main, 2008.

**Wagner, Friedrich Wilhelm**
(1892–1931)
• Ballon
Aus: F.W.W. «Jungfrau platzen
männertoll. Grotesken», Steegemann
Verlag, Hannover, 1920.

**Wedekind, Frank** (1864–1918)
• Ilse
Aus : F.W. «Gesammelte Werke», Band 1,
Albert Langen, München, 1919-1921.

• Die Hunde. Elegie
• Die neue Communion
• Der Dampfhammer
Aus: F.W. «Prosa, Dramen, Verse»,
Band 1, Langen-Müller Verlag,
München, 1954.

**Wildenhain, Michael** (1958)
• Wedding (nach Brecht)
© Edition Villa Concordia, Verlag
Fränkischer Tag, Bamberg.
Aus: M.W. «Die schönen scharfen
Zähne der Koralle», 2007.

**Wolf, Ror** (1932)
• Die Pflege der Geselligkeit
© Schöffling & Co. Verlagsbuch-
handlung GmbH, Frankfurt am Main
1996, 2007, 2009.
Aus: R.W. «Werke Bd.1, Im Zustand
vergrößerter Ruhe. Die Gedichte».

**Wühr, Paul** (1927)
• Wenn
• Das
• Wenn
• Davon
© Carl Hanser Verlag, München.
Aus: P.W. «Venus im Pudel», 2000.

**Klaus Cäsar Zehrer** (1969)
• Casanovas Nordlandreise.
Ein Erotikon in zwölf Episoden
© Klaus Cäsar Zehrer.
Aus: Steffen Jacobs (Hrsg.), «Liederlich!
Die lüsterne Lyrik der Deutschen»,
Eichborn Verlag, Frankfurt am Main,
2008.
• Fünf Samen
© Klaus Cäsar Zehrer.

**Aristophanes.** Lysistrata. Ein Lustspiel
in 5 Akten. Mit neun Zeichnungen von
Aubrey Beardsley. Ohne weitere Anga-
ben [d.i. Berlin, Hyperion-Verlag, 1919].
**Bildblock zwischen S. 48/49**

**Clayton's College.** Illustré de pointes-
sèches originales. Lunéville, Édition de
l'Orchidée, o.J. [d.i. Paris, Vialetay?,
um 1955]. Mit 18 kolorierten Radie-
rungen eines anonymen Künstlers.
**Bildblock zwischen S. 112/113
sowie S. 128/129**

**Demarc, Alfred** (d.i. **Alfred von
Meysenburg**). Lucy's Lustbuch.
Frankfurt, März Verlag, 1971.
**Bildblock zwischen S. 144/145**

**Louys, Pierre.** Pibrac. Londres,
J.-H. Smith, Éditeur d'Art, 1939.
Mit 12 Illustrationen eines anonymen
Künstlers.
**Bildblock zwischen S. 96/97**

**Lust und Laster.** Zehn Variationen
zur Erotik unserer Zeit. Ohne weitere
Angaben [um 1928]. 10 Illustrationen
eines anonymen Künstlers.
**Bildblock zwischen S. 64/65
sowie S. 80/81**

**Mühl, Otto.** Otto Mühl 7. Hrsg. von
Peter Noever. Wien, Cantz Verlag MAK,
1998. Ausstellungskatalog. Archives
Otto Muehl ADAGP.
**Bildblock zwischen S. 160/161**

**Darum sollte man im Leben
mit dem Dorn nach vorne streben**

Moderne erotische Lyrik

im Verlag **Walde+Graf** ( www.waldegraf.ch )

© 2011 by **Walde+Graf** Verlag AG, Zürich

Herausgeber: Manfred C. Reimann,
          Gesine Karge und Andreas Fischer

Gestaltung: 2xGoldstein, Karlsruhe (D)

Druck und Bindung: Kösel GmbH & Co. KG,
          Altusried / Krugzell (D)

ISBN 978—3—03774—006—4

WALDE+GRAF